RÉPONSE

D'UN ESPAGNOL

A DEUX PAMPHLETS

PUBLIÉS A PARIS.

IMPRIMERIE DE SÉTIER,
Cour des Fontaines, n° 7, à Paris.

RÉPONSE

D'UN ESPAGNOL

A DEUX PAMPHLETS

PUBLIÉS A PARIS,

CONTRE

LE ROI NOTRE MAITRE ET SON GOUVERNEMENT (1).

Semper ego auditor tantum? Nunquamne reponam

BROCHURE TRADUITE DE L'ESPAGNOL,

ET AUGMENTÉ DE QUELQUES NOTES POUR L'INTELLIGENCE DU LECTEUR.

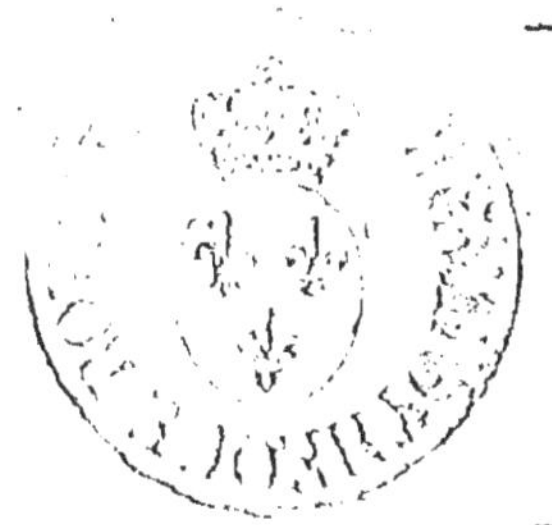

PARIS,

A LA LIBRAIRIE FRANÇAISE ET ÉTRANGÈRE,

Palais-Royal, Galeries de Bois.

1825.

(1) Lorsque le Portugal était gouverné par le célèbre marquis de Pombal, ce Ministre manda un personnage qui censurait souvent ses mesures (c'est-à-dire un homme difficile à satisfaire ainsi que MM. Salvandi et Duvergier), et le réprimanda avec aigreur de ce qu'il contrariait les dispositions du gouvernement. Le Portugais nia absolument le fait; mais le Ministre lui en ayant présenté les preuves dans un libelle écrit de sa main, l'accusé répartit : Pour ceci, c'est une autre affaire; vous me demandez si j'ai attaqué le gouvernement, et j'ai répondu négativement, parce que mes déclamations ne sont jamais dirigées que contre *le désordre*. À Dieu ne plaise que je murmure jamais d'un bon gouvernement : non, monsieur le Marquis, soyez tranquille de ce côté, car je m'enorgueillis trop du titre d'honnête homme, pour m'en rendre indigne, en contrariant toute mesure qui tendrait à augmenter les progrès et le bonheur de ma patrie. Gouvernez comme vous le devez, et ne craignez jamais les traits de la médisance.

RÉPONSE

D'UN ESPAGNOL

A DEUX PAMPHLETS

PUBLIÉS A PARIS, CONTRE LE ROI NOTRE MAITRE
ET SON GOUVERNEMENT.

LE hasard a fait tomber entre mes mains deux Pamphlets que l'on vient de publier à Paris contre le gouvernement espagnol en général, mais plus particulièrement contre la personne de notre auguste Souverain. Il suffit sans doute de les lire pour n'en faire aucun cas; cependant comme le caractère des personnes au nom desquelles ils sont adressés au public, peut leur donner quelque autorité aux yeux de certains lecteurs, il m'a paru convenable de réfuter en peu de mots les atroces calomnies qu'ils renferment. Si elles eussent été débitées par quelque furibond et désespéré libéral, règnicole ou étranger, comme nous sommes depuis long-temps accoutumés à entendre leurs impuissans rugissemens, je dédaignerais de leur répondre, quelque victorieusement qu'on pût le faire; mais comme elles sont proclamées par des hommes qui se disent royalistes et partisans de la légitimité, il devient nécessaire de leur arracher le masque dont ils se couvrent, et de faire voir qu'en cherchant à discréditer la restauration espagnole, ils discréditent la restauration française, et qu'en accusant le

Roi d'Espagne et son gouvernement, ils accusent le feu Roi de France, celui actuel, le Dauphin, ainsi que les Ministères qui en 1815 et 1816 dirigèrent les affaires intérieures de ce royaume. Il est nécessaire en outre de démentir, à la face de l'univers, les fausses imputations que l'on fait au Monarque espagnol et à son gouvernement, et de révéler le secret que ceux qui les publient, cherchent à cacher avec tant de soin.

L'un de ces opuscules est intitulé : *Coup-d'œil sur l'Espagne, par M. Duvergier de Hauranne, ancien membre de la Chambre des Députés;* et le second : *Du le parti qu'il y a à prendre à l'égard de l'Espagne, par N. A. de Salvandi.* Comme, dans le fond, ils contiennent l'un et l'autre les mêmes accusations, qu'ils sont dictés par le même esprit de médisance, et proposent, à peu de différence près, les mêmes remèdes pour les prétendus maux, j'ai cru que je devais les comprendre tous deux dans la même réfutation ; car, en répondant à chacun séparément, j'aurais été obligé de répéter dans le second écrit presque tout ce que j'aurais dit dans le premier.

A la rigueur, pour réduire leurs auteurs au néant et les couvrir d'ignominie, il suffirait de nier les faits dont la fausseté est de toute notoriété; il suffirait de dire à chaque page : « Vous mentez devant le témoignage de Dieu et de votre conscience, » et tout au plus de réduire à leur juste valeur les amplifications exagérées de quelques maux qui peuvent, jusqu'à un certain point, ne pas être imaginaires; mais la cause que je me propose de défendre, est si juste, que je ne veux pas me borner à la simple négative. J'examinerai tous les griefs les uns après les autres, et je combattrai les accusations par des faits si positifs et si irrécusables, que le plus obstiné sera forcé de reconnaître dans son cœur, quand par honte il n'oserait l'avouer, que jamais un Souverain, un gouvernement et un peuple n'ont été si gratuitement et si injustement diffamés que le Roi d'Espagne, ses mesures et son peuple, l'ont été dans les deux libelles publiés dernièrement à Paris. Et, en vérité, on ne saurait concevoir, bien que la presse soit libre, que, dans cette capitale éclairée, des hommes publics puissent outrager et calomnier d'une manière si atroce un Souverain auquel le Roi de France vient de donner tant de preuves d'amitié, ainsi qu'un peuple qui a reçu les Français avec tant de cordialité, qui les comble de bénédictions, qui a si efficacement coopéré au succès de leur entreprise, et auquel ils doivent, en réalité, cette gloire militaire dont ils se vantent. Car, il faut le dire une bonne fois pour que les libéraux de France ne trompent pas l'univers, si le peuple espagnol, c'est-à-dire la presque totalité des habitans de ce pays malheureux et mal connu, ne s'était pas prononcé si hautement et si énergiquement en faveur de la cause que les armées françaises étaient chargées de soutenir ; s'il n'avait pas reçu avec un enthousiasme si affectueux ceux qu'il appelait ses rédempteurs, et s'il ne les avait pas appuyés par une levée générale de la population, les cent mille baïonnettes françaises, avec toute leur valeur et leur habileté, n'auraient pas passé l'Èbre, et ne se seraient peut-être pas même emparées de Saint-Sébastien et de Pampelune, et bien moins encore de Figuières et de Barcelonne : les Français ont vu ce qui leur en a coûté pour réduire ces quatre places, et pour quel motif elles ont fini par se rendre. Oui, il faut que le monde le sache, et que l'histoire le dise : l'intervention armée fut nécessaire, parce que les rebelles étaient maîtres des armes, du trésor public, des places, des arsenaux, du gouvernement, et, ce qui est bien plus, de la personne auguste du Souverain, et que les sujets fidèles n'auraient pu triompher qu'après une longue et funeste guerre civile ; mais les Français une fois entrés, ce qui les transporta comme à travers les airs, depuis la Bidassoa jusque dans les murailles de Cadix, et ce qui fit dissiper, comme la fumée, les armées constitutionnelles, ce fut le cri unanime de loyauté qui retentit depuis Irun jusqu'à Carthagène, et depuis la Junquera jusqu'à Betanzos. Ce fut ce cri, oui ce fut lui qui, comme par enchantement, anéantit l'insurrection, dès que la seule présence d'une armée auxiliaire lui facilita les moyens de se prononcer; et ce cri fut poussé par ces mêmes royalistes et *serviles*, ces mêmes ecclésiastiques, moines et prolétaires auxquels Messieurs les pamphlétaires dont il s'agit ici, portent aujourd'hui tant de haine et prodiguent tant d'insultes.

Cela soit dit en passant, parce qu'il faudra peut-être éclaircir complètement, dans un autre écrit, ce point si important dans l'histoire de notre glorieuse restauration. Quant à présent, je terminerai cette courte introduction en déclarant que, dans ma réponse, je suivrai le plan tracé par les détracteurs eux-mêmes de notre Gouvernement. Leurs puériles et pédantesques diatribes se réduisent à deux points : 1.° Maux dont on suppose la nation espagnole affligée et accablée par la faute de son Roi et de son Gouvernement. 2.° Remèdes que le cabinet français peut et doit appliquer à ces maux. A l'égard du premier, je ferai voir, ou que les maux que l'on suppose n'existent pas, ou qu'ils ne sont pas aussi graves que l'on veut le faire croire, ou que le Souverain, ses Ministres et ses Conseillers n'en sont pas la cause, et qu'ils sont les tristes mais inévitables conséquences de causes antérieures. Quant au second, je démontrerai également que les remèdes que l'on propose, sont ou nuisibles ou impraticables, ou qu'on les emploie, sans qu'il soit besoin que des hommes qui ne connaissent ni le malade, ni ses maux, ni les véritables causes du déplorable état dans lequel il se trouve, nous en prescrivent l'application.

MAUX DE LA NATION ESPAGNOLE.

Nos maux, véritables ou imaginaires, se divisent en deux classes : l'une se compose de ceux que tout le monde connaît et qui sont antérieurs à l'intervention française, et l'autre, de ceux qu'on suppose causés par les mesures du Gouvernement espagnol, et la conduite qu'il a tenue depuis la restauration jusqu'à présent. En traitant des uns et des autres, je les séparerai comme il convient de le faire.

MAUX VÉRITABLES,

MAIS ANTÉRIEURS A LA RESTAURATION.

Que l'Espagne n'est pas aussi peuplée qu'elle pourrait l'être, en raison de l'étendue de son territoire et de la fertilité de son sol; que l'agriculture y est languissante; que son industrie est médiocre et son commerce très-borné, et presque entièrement passif; que ses revenus ordinaires ne couvrent point les dépenses du service courant; qu'elle a une dette si énorme que, de long-temps, elle ne pourra non-seulement se liquider du capital, mais même payer un intérêt modéré; que les sciences mathématiques et physiques n'y sont point cultivées avec autant d'ardeur que chez d'autres nations plus fortunées; qu'elle a perdu de fait, quoique momentanément, la presque totalité de ses importantes, vastes et riches colonies; que cette perte a rendu, rend et rendra, pour quelque temps, sa situation plus embarrassante et plus pénible; qu'elle n'a ni une brillante armée ni une puissante marine, et que, pour cette raison, son influence politique est nulle dans la balance du monde : ce sont des faits qui ne sont malheureusement que trop certains et évidens, et qui nous arrachent, à nous autres Espagnols, des larmes un peu plus amères qu'à ces hypocrites étrangers qui s'apitoyent tous sur le sort de la victime dont ils déchirent eux-mêmes les entrailles ; mais les attribuer à un gouvernement qui ne compte pas encore une année et demie d'existence, et qui, plus que personne, désirerait pouvoir y rémédier en un jour, c'est le comble de l'injustice, de la mauvaise foi et de la plus impudente effronterie. Mais, quoique cette seule observation fût suffisante pour réfuter complètement les vagues et indécentes déclamations des deux libellistes sur la barbarie et l'indolence des Espagnols, sur l'état arriéré dans lequel se trouve la nation, sur la pénurie du trésor public, et autres lieux communs si usés et constamment reproduits par tous les étrangers qui ont parlé et parlent des affaires de l'Espagne depuis plus de deux siècles, il ne sera cependant pas inutile d'indiquer sommairement les véritables causes de nos maux invétérés, pour que l'on voie que l'on doit peut-être, en grande partie, les attribuer à ces mêmes étrangers qui nous insultent et nous diffament tant pour ces mêmes maux qui sont précisément leur ouvrage.

1.ᵉ Manque de population, d'agriculture, d'industrie et de commerce. Je réunis ces quatre chapitres, parce qu'ils sont réciproquement et successivement les causes et les effets de la richesse des nations. Celle qui a une nombreuse population, a nécessairement une agriculture très-productive, parce que, sans cela, elle ne pourrait l'alimenter ; celle qui a une grande population et une agriculture florissante, a aussi beaucoup d'industrie, et celle qui a de l'industrie a du commerce : et *vice versâ*. L'agriculture fleurit chez celle qui

est industrieuse et commerçante, et la population abonde là
où se trouvent le commerce, l'industrie et l'agriculture. Mais,
au défaut de la population, l'agriculture déchoit, l'industrie diminue, et le commerce se trouve réduit à recevoir des
étrangers les productions que le sol et le travail de ses
habitans ne font pas naître; et au contraire l'industrie ne
peut exister partout où il n'y a pas un commerce actif et vi-
vificateur; le défaut d'exploitation, le vil prix des denrées,
font languir l'agriculture partout où il n'y a ni un commerce
utile, ni des fabriques en grand nombre; et partout où
manquent le commerce et les fabriques, partout où la terre
n'est pas cultivée avec soin, quelle population peut-on trouver? La nécessaire pour que le pays ne soit pas un véritable
désert, le jour viendra où il en formera un : tel est l'ordre
éternel des choses. J'ai voulu rappeler ces principes d'économie publique, quoique si communs et si connus, pour
qu'ils expliquent eux-mêmes les causes réelles du mauvais
état où se trouvent en Espagne la population, l'agriculture,
l'industrie et le commerce, et l'on voit que ce ne sont pas
celles que les écrivains étrangers et même quelques écrivains
nationaux citent dans leur erreur. En effet, la population
ne s'affaiblit en Espagne, ni par les émigrations en Amérique, ni par l'expulsion des Juifs et des Maures, ni par les
guerres ridicules de Charles V, ni celles qui leur ont suc-
cédé jusqu'à nos jours, ni seulement par l'amortisation civile et ecclésiastique, ni par le grand nombre de prêtres,
ni par tout autre motif qu'on indique ordinairement : et la
raison en est évidente. Depuis trois siècles, l'émigration des
Anglais à leurs colonies a été, à proportion, plus grande que
celle des Espagnols aux leurs, et cependant la population
de l'Angleterre, bien loin d'avoir diminué, s'est augmentée
d'une manière sensible. L'expulsion des Juifs et des Maures

ne chassa pas de l'Espagne autant de familles, que la révocation de l'édit de Nantes en exila de France, et ce pays n'en eut pas moins, à l'époque de sa fatale révolution, vingt-cinq millions d'habitans dans un territoire qui n'a guères plus d'étendue que l'Espagne. Les guerres soutenues par cette dernière, depuis le seizième siècle jusqu'à l'invasion de Napoléon, ne lui ont pas coûté tant d'hommes qu'en perdit la France dans toutes ses guerres étrangères et civiles, notamment dans celles de la révolution. Ces dernières ont moissonné, pour avoir voulu réaliser des théories impraticables ou satisfaire l'ambition d'un guerrier, plus de soldats que n'en a jamais pu sacrifier l'Espagne dans les guerres que lui suscitèrent, pendant plus de trois siècles, d'abord la rivalité de cette même France et de l'Angleterre, et ensuite son alliance avec la première; et cependant la France, après avoir sacrifié, en moins de vingt-six ans, six millions de jeunes guerriers dans les champs de bataille, et un million de personnes victimes des troubles intérieurs et immolées par la hache des bourreaux, a en même temps augmenté sa population d'un sixième. Car elle compte, de nos jours, trente millions d'habitaus sur le même territoire (et encore se trouve-t-il plus resserré) qui en contenait seulement vingt-cinq millions en 1788. Or les émigratious, les guerres ne sont pas les seules causes qui peuvent affaiblir la population des États; ce ne sont que des pertes passagères, et faciles à réparer; autrement, la terre serait déjà dépeuplée dans toute son étendue. En effet, par malheur, les hommes se massacrent mutuellement dans les guerres étrangères et civiles, et font de continuelles émigrations de pays en pays, depuis qu'ils vivent sur la surface de la planète où la Providence les a placés. D'autres causes ont donc amené la dépopulation de l'Epagne. Elles peuvent se réduire à une seule :

au manque d'industrie ; et cette faute ne provient pas non plus, comme on le prétend, de l'indolence et de la paresse naturelle à ses habitans, effets de la chaleur du climat, ou des richesses tirées des colonies. La même chaleur régnait en Espagne avant le seizième siècle, que depuis cette époque jusqu'à nos jours, et cependant les Espagnols étaient industrieux et amis du travail sous la domination romaine, sous l'empire des Goths, et même durant l'occupation des Sarrasins. Quant aux richesses tirées des colonies, loin de les avoir rendus fainéans, et d'avoir ruiné leur industrie, elles l'auraient accrue, et auraient excité de plus en plus leur activité, comme cela est arrivé aux Hollandais, aux Anglais, et aux Français, si toute autre cause n'avait point endormi et inutilisé l'amour naturel à tous les hommes pour le travail, et si un ulcère caché n'avait point, pour ainsi dire, rongé cette malheureuse nation. Non, les richesses transportées des Colonies, soit en métaux ou en fruits, sont si éloignées de paralyser l'industrie dans les pays qui les reçoivent, qu'au contraire elles ne font que la vivifier et la maintenir. La Hollande, l'Angleterre, la France ont tiré et tirent encore d'immenses richesses de leurs colonies ; mais loin de faire déchoir leur première industrie, et leur ancien commerce, ces richesses ont établi et maintenu les fabriques que ces nations ont maintenant, et qu'elles n'avaient pas encore avant d'avoir acquis des possessions au delà des mers, et ont fomenté leur commerce jusqu'au point où nous le voyons de nos jours. Et, si l'on en doute, que l'on ôte à ces trois nations leurs Colonies d'outre-mer, et l'on verra si leur industrie et leur commerce prospèrent, ou si en peu de temps ils dépérissent notablement. Pourquoi donc donne-t-on comme reconnu, et croit-on qu'en Espagne seulement les Colonies ont causé de grands préjudices, et que, chez elle seulement, elles ont anéanti l'industrie, tandis que dans d'autres pays elles ont donné naissance à celle qui n'existait pas? Cela est-il possible? cela est-il dans l'ordre des choses? Quelque part que ce soit, plus un peuple est riche, n'est-il pas plus industrieux? Vit-on l'industrie déchoir à Gênes et à Venise aussitôt qu'à l'aide de leurs comptoirs et établissemens maritimes, elles attirèrent à elles les richesses du monde commerçant? Ne furent-elles pas au contraire industrieuses, parce qu'elles furent commerçantes? ne furent-elles pas commerçantes, parce qu'au moyen de ses comptoirs elles eurent des marchés sûrs où elles purent vendre leurs marchandises? Et le jour où elles perdirent ces mêmes comptoirs, ou que d'autres nations acquirent des possessions plus avantageusement situées, leur industrie et leur commerce ne tombèrent-ils point en décadence, et leur opulence et leur splendeur ne disparurent-elles pas? Comment peut-on donc prétendre que l'Espagne se soit appauvrie et ruinée, précisément parce qu'elle découvrit un monde nouveau, et s'y assura le marché le plus riche de l'univers? N'est-ce pas une absurdité à laquelle des économistes ignorans ou de mauvaise foi peuvent seuls donner leur assentiment, ou feindre de le donner? Quel est donc, demandera-t-on, ce cancer caché qui a consumé la malheureuse Espagne, à l'époque même où l'acquisition de vastes et riches Colonies devait la faire devenir la première puissance du monde, la nation la plus commerçante, la plus industrieuse, la plus adonnée à l'agriculture, et la plus peuplée de l'univers? Il n'est point difficile de le connaître, si on examine sans prévention et de bonne foi ce phénomène, en apparence inexplicable. La chose est fort simple : la séparation du Portugal, la perte de Gibraltar, l'étendue de la frontière des Pyrénées, et les astucieuses menées des Hollandais, des Anglais et des Français, qu'il serait trop long d'expliquer, ont facilité en Espagne une immense contrebande; et cette même contrebande, en rendant nulles les lois prohibitives, a ruiné son industrie. Son industrie une fois ruinée, son commerce actif, qui est celui véritablement utile, celui qui enrichit les nations, a dépéri, ou, pour mieux dire, a été anéanti : et tout commerce avantageux, toute industrie nationale, venant à manquer, l'agriculture disparut aussi, comme cela devait être : et sans commerce, sans industrie et sans agriculture, il ne peut y avoir de grande population. Voilà, voilà ce qui a seulement et véritablement arriéré la malheureuse Espagne, ce qui l'a rendue si pauvre et si dépeuplée (1). Et ceux qui ont causé notre infortune, qui la causent encore, et qui désirent qu'elle se prolonge, viendront nous la reprocher ! Qu'on nous permette de reconquérir nos Colonies, et qu'un heureux hasard réunisse sur la même tête les couronnes de Portugal et de Castille; qu'on nous rende Gibraltar, et qu'on ne nous empêche pas de fermer hermétiquement les côtes de nos deux mers et la chaîne des Pyrénées à tous les produits étrangers, et je répondrais sur cent mille têtes, si je les avais, qu'avant un siècle, l'Espagne, avec toute son indolence, ses moines, son fanatisme et sa barbarie, sera la nation la plus commerçante, la plus industrieuse, la plus habile dans l'agriculture,

---

(1) Il était réservé au célèbre Hermosilla de nous révéler les causes de la décadence de la malheureuse Espagne, et de nous faire connaître que les principales sont la perte de Gibraltar et du Portugal, et les astucieuses menées des Français et des Anglais pour faciliter la contrebande. Qu'on examine la circonférence territoriale des trois puissances, l'on verra alors quelle est celle qui offre plus de points favorables à la contrebande, et si elle dérive véritablement des causes indiquées.

et, proportion gardée, la plus populeuse de l'univers, et qu'elle se fera respecter de cette même France et de cette même Angleterre qui maintenant la méprisent et l'insultent; mais c'est précisément ce qu'on ne veut pas (1). Disons-le donc une fois pour toutes, et qu'on ne vienne plus nous parler de moines, de superstition, de paresse et de chaleur, d'erreur géographique qui nous fait appartenir à l'Europe, tandis qu'en réalité nous sommes Africains : il y a eu en France, depuis François I.er jusqu'à Louis XVI, des moines, de la superstition, du fanatisme, des jésuites, des majorats, un clergé très-riche, des dîmes, une inquisition politique pire que celle religieuse; Louis XIV a soutenu de longues et sanglantes guerres; on a expulsé du royaume un million de protestans, et les querelles religieuses y ont causé d'atroces persécutions, et cependant la France a prospéré et s'est enrichie, et elle est devenue une puissance du premier ordre

---

(1) Et pourquoi mettre tant de modération dans ses prétentions, pour attendre encore un siècle? Pourquoi ne pas demander qu'on restitue à la couronne d'Espagne toutes ses anciennes possessions, comme, par exemple, les Pays-Bas, Jérusalem, les Iles et la Terre-Ferme de l'Océan, etc.? Il serait même à propos de réclamer les sommes dilapidées par Godoy, et envoyées à Bonaparte sous le nom de subsides (c'est même l'occasion la plus favorable qu'on puisse trouver pour toucher de l'argent, puisqu'il est maintenant question d'indemnités). Avec ces concessions, qui pourrait douter que les couvens ne pussent étaler plus de faste qu'ils n'en montrèrent même dans le dix-septième siècle; qu'on ne pût organiser une armée de soldats de la foi plus nombreuse que celle de Xercès, et qu'au lieu d'une pension de 4,500 fr. on ne pût alors en accorder une d'un pareil nombre de pistoles à l'industrieux Hermosilla!

dans l'espace de deux cents ans. Pourquoi ? parce que, ne rencontrant pas les mêmes obstacles que l'Espagne, elle put entretenir et étendre son industrie, et, avec elle, son agriculture et son commerce; et ce sont ces trois choses qui ont augmenté sa population. L'Angleterre a été déchirée pendant deux siècles par des guerres de religion; l'émigration dans ses colonies continue, et elle a encore une assez forte dose de fanatisme religieux, quoique en sens contraire au catholicisme; et cependant dans ces deux siècles elle marchait d'un pas rapide vers ce degré de pouvoir étonnant auquel elle est parvenue dans le siècle suivant. Et pourquoi ? parce qu'elle a une excellente constitution, un gouvernement représentatif? Erreur : c'est parce qu'étant une île, elle put fermer et ferma ses ports à la sortie de ses matières premières, et à l'entrée de tous les produits étrangers. Ainsi elle retira d'une seule colonie plus d'utilité que l'Espagne n'en retira de tout un hémisphère, et avec ses richesses elle a pu nous enlever Gibraltar, s'emparer de l'Inde, acquérir d'autres possessions d'une grande importance dans les quatre parties du monde, et s'assurer l'empire des mers. Et, si l'on doute de cette vérité, qu'il lui soit permis de garder son parlement, mais qu'on la rende puissance continentale, et puisque cela ne peut avoir lieu, qu'on l'oblige à renoncer à toutes ses colonies et à ouvrir ses ports à toutes les nations, pour qu'elles importent et exportent à leur gré, et dans deux siècles elle se verra réduite à l'état où elle se trouvait avant de posséder des colonies et d'avoir adopté le système prohibitif.

Je sens que je me suis trop arrêté sur ce premier point; mais je ne puis m'exprimer avec concision lorsqu'il s'agit de combattre une erreur universelle, et surtout d'apprendre aux Espagnols mêmes que, s'ils sont peu avancés, ils ne doivent en attribuer la véritable cause qu'à la guerre faite antérieurement, et de nos jours, à leur industrie par ces mêmes étrangers qui les accusent de barbarie, d'indolence, de fainéantise et de superstition. Qu'ils nous laissent faire, et sous peu ils verront ce que peuvent encore ces ignorans *Africains*. Passons maintenant aux autres causes de nos malheurs, que je parcourrai à la hâte.

2. » Les revenus ordinaires ne suffisent pas pour les frais du service courant. » Sans doute, et c'est là une des premières et inévitables conséquences de la misère à laquelle nous réduit le manque d'industrie, d'agriculture, de commerce et de population. Il est clair que dix millions de pauvres ne peuvent fournir les neuf cents millions de francs payés annuellement par trente millions de riches. Mais quelle cause a réduit les pauvres Espagnols à cette affreuse misère? ces mêmes étrangers qui nous en font un crime, et qui, non coutens de nous avoir appauvris lorsque nous pouvions, en quelque sorte, réparer les pertes et compléter le *déficit* annuel avec le faible profit que nous tirions de nos colonies, font encore aujourd'hui de si grands efforts pour nous les faire perdre à jamais.

3o. » La dette publique de l'Espagne est si énorme et si excessive en comparaison de ses ressources, qu'il lui est impossible pour le moment de payer, je ne dis pas le capital, mais même les intérêts. » Cela n'est que trop certain, et nos bourses épuisées ne le sentent que trop bien; mais à qui la faute, si une nation qui, en 1788, n'avait pas, pour ainsi dire, de dette publique, parce que les bons royaux (1), les *juros* et les crédits

---

(1) Ces bons, seul papier-monnaie qui soit en circulation en Espagne, étaient à 27 pour cent de valeur en décembre 1819, époque la plus brillante du règne de Ferdinand VII, d'après l'avis

de Philippe V, étaient comme une goutte d'eau dans le grand bassin du Retiro, l'a vue augmentée jusqu'à 14, 15 ou 16,000 millions de réaux? A qui? à ces mêmes étrangers qui maintenant insistent pour qu'on augmente cette dette, en reconnaissant l'emprunt fait par les Cortès. Non, Messieurs; ce ne sont pas les désordres du règne précédent, ni l'avarice du *Favori*, mais bien la guerre contre les révolutionnaires de France qui coûta plus de 8000 millions de réaux; la fatale alliance que le Directoire exécutif nous força de former, et que Bonaparte nous contraignit de remplir à tout prix; la perfide invasion des armées françaises qui ne cessèrent de ravager le pays dans l'espace de six années; l'insurrection de nos colonies dont nous sommes redevables aux maximes libérales publiées hors d'Espagne; et la révolution jacobinique née de ces mêmes maximes, et dirigée par des hommes qui les avaient puisées dans les livres français. Voilà, voilà ce qui nous a chargés du poids d'une dette immense. Sans ces cinq élémens de la plus complète ruine, peu aurait importé pour le trésor royal que don Manuel Godoy y eût volé 50, 80 ou, si l'on veut, 200 millions de réaux. Sans l'invasion française ils seraient restés en Espagne; la chute du *Favori* les aurait fait recouvrer, ou ils auraient été bientôt dépensés par lui et ses héritiers, et mis de nouveau en circulation. Non, ce ne sont pas les millions de Godoy qui, durant son gouvernement, appauvrirent le trésor, ce sont les sommes considérables passées en France à titre de subsides ou pour de misérables in-

---

de l'auteur; et ces mêmes bons, malgré la dette contractée par les emprunts des Cortès, montèrent jusqu'à 40, et ne baissèrent jamais, pendant le cours du système constitutionnel, au vil prix où ils se trouvaient à l'époque florissante mentionnée par l'auteur.

trigues ; ce sont les sommes immenses prodiguées pour équiper et entretenir des escadres qui contribuèrent puissamment à ce que la France, tranquille du côté de la mer, portât ses armes dans tous les royaumes de l'Europe, et fît conduire à Paris ces innombrables chariots chargés d'or et d'argent, trésors dont elle s'enrichit sous la domination du Corse ; ce sont les dépenses excessives faites dans la guerre contre la révolution, et dans celles où notre titre d'alliés de la France nous engagea contre l'Angleterre, le Portugal et les contrées lointaines de la Suède. Et parce que, dans les intérêts de la France, la pauvre Espagne entretint une escadre nombreuse dans le port même de Brest, et envoya une armée jusqu'aux îles et aux rivages de la mer Baltique, doit-elle se voir maintenant insultée par ces mêmes Français qui retirèrent tant de fruit de ces sacrifices si coûteux pour l'Espagne et si peu appréciés ?

4°. « L'Espagne n'a ni armée ni marine. » Cette vérité n'est que trop certaine ; mais en quel lieu, par quelle cause, et dans quel but, l'Espagne sacrifia-t-elle la puissante escadre que lui laissa Charles III à sa mort (1) ? dans les combats de Saint-Vincent et de Trafalgar, livrés mal à propos et contre la saine politique, parce qu'il plut au gouvernement français d'en ordonner ainsi, livrés dans les intérêts de cette même France dont les enfans, dans leur ingratitude, nous font un crime de nous être ruinés pour les servir. Et l'armée disciplinée et composée de vieux guerriers que nous avions en 1788, où fut-elle moissonnée ? dans la guerre que les jacobins français nous forcèrent d'entreprendre pour éteindre leur révolution. Et si nous parlons de l'armée formée des débris

____

(1) Faute d'un bon gouvernement.

de la première ? son élite alla combattre sous les murs de Stralsund, pour des querelles qui nous étaient tout-à-fait étrangères, et le reste périt à Tudela, Reynosa, Uclès et Sarragosse. Et les soldats qu'enfanta par une espèce d'enchantement la loyauté castillane durant le cours de l'invasion ? (1) Les uns arrosèrent de leur sang le sol dévasté de leur patrie, les autres furent traînés en captivité en France pour s'y corrompre par les maximes révolutionnaires. Et l'on demandera encore pourquoi nous n'avons point d'armée ! et cette question sera faite par les habitans du pays qui les ont dévorées ou corrompues !

5º. « L'Espagne a perdu presque toutes ses colonies. » Le temps prouvera qu'elles ne sont pas perdues sans remède, comme on le prétend faussement ; mais, dans cette supposition, à qui doit-on en imputer la faute ? n'est-ce pas à l'invasion de la France, qui leur fournit l'occasion et le prétexte de se soulever, aux principes désorganisateurs et anarchiques de la souveraineté populaire, à la liberté révolutionnaire, à l'égalité prétendue, aux principes oubliés par les jacobins français et mis en pratique par les jacobins espagnols, disciples des sophistes modernes ? Sans l'invasion de Napoléon et sans le jacobinisme des habitans de Cadix, enfant légitime du jacobinisme français, les colonies espagnoles se seraient-elles soulevées, les Américains auraient-ils pensé à ériger des républiques *à l'instar* de la république française ? Et ils veulent que ces états indépendans se maintiennent et prospèrent en Amérique, ces mêmes hommes qui, en Europe, affectent de détester le jacobinisme et le républica-

______

(1) Et c'est Hermosilla, ardent partisan de Joseph, qui tient ce langage.

nisme, qui parlent de légitimité, et qui proclament hautement le nom des Bourbons? car MM. Duvergier et Salvandi sont parfaitement d'accord sur ce point. Dans la France, à les en croire, la monarchie est très - légitime; mais dans l'Amérique espagnole on doit sur-le-champ reconnaître les républiques de Buénos-Ayres, Paraguay, Chili, Pérou, Colombie et Mexique; il ne manquerait plus que, pour se joindre à ces républiques, il s'en formât encore deux nouvelles, l'une à Puerto-Rico, et l'autre à la Havane. Et ces messieurs parlent en même temps de morale publique, du droit des gens, du respect dû aux propriétés, etc., etc.! Oui, mais cela n'a de rapport qu'avec la France, et tout au plus avec l'Europe située au delà des Pyrénées, parce que l'Espagne, faisant partie de l'*Afrique*, reste hors de la loi.

6.° » L'Espagne ne cultive pas, avec autant d'ardeur que » les autres nations, les sciences exactes et naturelles. » La raison en est claire : faute d'industrie, ne trouvant pas l'occasion de faire l'application des principes théoriques, il s'ensuit nécessairement que personne ne peut, ou qu'il n'y a qu'un petit nombre d'individus qui puisse s'y adonner à des recherches abstraites dont ils ne peuvent faire usage. Il n'est pas cependant vrai que l'étude des mathématiques soit aussi négligée qu'on le suppose; au contraire, elle est cultivée avec une espèce de fureur qui tient du ridicule : ce n'est pas que les mathématiques appliquées ne soient très-utiles et très-importantes pour la prospérité des Espagnols, mais, dans les cas où on ne peut les appliquer, elles se réduisent à de pures abstractions, bientôt oubliées de ceux mêmes qui les étudièrent avec le plus d'ardeur. Ici, comme dans tout ce qui concerne la richesse publique des nations, il y a un constant rapport de nécessité entre les différens objets qui la fomentent. Les sciences exactes et naturelles sont nécessaires pour faire prospérer l'agriculture et l'industrie, sans lesquelles il n'y a pas de commerce; mais ce même commerce et l'industrie qui le fait naître, et l'agriculture qui les alimente tous deux, fomentent de leur côté, propagent et rendent nécessaires les sciences qui leur servent de fondement. Ainsi, il ne faut pas s'étonner que l'Espagne, sans avoir ni un grand commerce, ni industrie, ni agriculture, n'ait pas non plus un grand nombre d'hommes fameux dans les mathématiques, la physique, la mécanique et la chimie. Pourquoi faire des épreuves sur les teintures, par exemple, dans les pays où l'on ne teint pas les toiles ? On voit donc que, même dans cette partie, si nous sommes peu avancés, ce n'est pas le manque d'industrie. Et comme il est déjà prouvé que les étrangers se sont efforcés, à dessein prémédité et avec le zèle le plus opiniâtre, de ruiner notre industrie, et cherchent à présent même à l'empêcher de renaître, il en résulte qu'ils sont aussi les auteurs de cette barbarie dont ils nous accusent. Oui, le manque d'industrie est la véritable cause qui fait qu'en Espagne on étudie presque exclusivement la jurisprudence et la théologie. Si les mathématiques, la physique et la chimie, au défaut d'objets auxquels elles puissent s'appliquer, ne peuvent faire vivre ceux qui les cultivent, comment veut-on qu'on s'adonne à des études qui réduisent à mourir dans un hôpital, si, d'un autre côté, on n'est pas favorisé de la fortune ? Ainsi les mathématiques appliquées sont presque confinées dans les corps militaires facultatifs, et les sciences naturelles réduites à un petit nombre de professeurs. Qu'on nous donne des ateliers et des fabriques, et bientôt on verra une abondante moisson de chimistes, de mécaniciens, de physiciens, aussi habiles que dans tous les autres pays. Les Français savent déjà que les Espagnols, *quoique africains*, peuvent apprendre, comme eux, les sciences qu'ils se donnent la peine de cultiver. Ils ont vu, dans la guerre de l'indépendance, que nos *barbares* artilleurs se firent respecter même des *savantis-simes* élèves de l'école polytechnique.

Nous avons déjà assez parlé de maux réels, mais anciens et fort antérieurs à la restauration de 1823 : passons maintenant à ceux qu'on suppose produits ou causés depuis lors, par les mauvaises mesures du gouvernement, par la faute du peuple, et même, c'est ainsi qu'on le dit, par le caractère personnel du Souverain.

MAUX, OU IMAGINAIRES OU EXAGÉRÉS,

POSTÉRIEURS A LA RESTAURATION.

Ici commence, à la rigueur, ma réponse aux libelles, parce que c'est dans cette partie que retombent principalement les accusations qu'on y fait à notre Roi, à son gouvernement, et, en général, à tous les Espagnols. Cependant comme elles se dirigent aussi, quoiqu'en passant, contre notre pauvreté, notre ignorance, et l'extrémité de notre situation, en voulant imputer au Monarque actuel et à son gouvernement d'anciens malheurs qu'ils sentent plus que personne, auxquels il est impossible de porter remède de long-temps, et qui n'émanent point de la source qu'on leur suppose, il a fallu les séparer d'autres malheurs passagers et accidentels avec lesquels la malignité cherche à les confondre. La tactique des faiseurs de libelles, dans cette partie, est celle de tous les sophistes et de tous les révolutionnaires, depuis Rousseau : donner pour certain ce qu'on discute, présenter de vagues déclamations comme des raisonnemens positifs, ne point apporter la preuve des faits que l'on avance, les défigurer et les dénaturer, en déduire ensuite des conséquences, comme si on les avait prouvés et exposés avec exactitude, substituer au langage de la raison de pompeuses expressions qui, bien analysées, ne disent rien en réalité, et chanter le triomphe lorsqu'on a trouvé une épigramme qui peut éblouir les lecteurs superficiels. Et je ne parle pas en l'air : on peut le voir d'une manière palpable et évidente dans tous les paragraphes de ces deux libelles pris en entier ou séparément, et dont il faudra en copier quelques-uns. Mais auparavant, pour ne point imiter leurs auteurs, et pour qu'on puisse juger de notre bonne foi, réduisons à des chapitres les points d'accusation qui ont été, à dessein prémédité, présentés au public, confondus et mêlés parmi le vide et l'enflure d'une déclamation qui ressemble plutôt à une amplification de collège qu'à un opuscule politique. Quiconque lira les deux libelles, verra que leurs accusations embrouillées, vagues, et dénuées de preuves, se réduisent aux points suivans : Commissions militaires, dispositions tyranniques de la surintendance de police, purifications, excès populaires, inexécution du décret d'Andujar, désapprobation des capitulations militaires, méconnaissance des emprunts des Cortès, manque d'une amnistie générale et absolue, armement impolitique du bas peuple, caractère personnel du Roi, *Camarilla*, *favoritisme* (c'est ainsi que le nomme Duvergier), junte apostolique, et division des partis. Les points d'accusation paraissent graves, mais, avec des réponses très-simples, on verra à quoi se réduit toute l'emphase des accusateurs parisiens.

COMMISSIONS EXÉCUTIVES (1).

Si un Anglais accusait le gouvernement espagnol d'avoir créé, dans des circonstances extraordinaires, des tribunaux également extraordinaires, on pourrait garder le silence, quoique, dans les guerres civiles et religieuses d'Angleterre, on ait vu des tribunaux extra-légaux plus cruels et plus sanguinaires que ne l'ont été et ne peuvent l'être les commissions espagnoles. Mais que des Français accusent le Roi d'Espagne d'avoir imité la conduite du leur, c'est une chose qu'on ne peut croire qu'en la voyant. MM. Duvergier et Salvandi ont-ils oublié qu'en 1815 leur gouvernement avait établi des cours prévôtales qui, sans appel et sans recours en cassation, devaient juger promptement, sommairement et *exécutoirement* les délits politiques, et que ces tribunaux, en peu de mois, ont envoyé à la guillotine plus d'individus que n'en ont envoyé à la potence les commissions exécutives espagnoles, quoique celles-ci connaissent aussi les délits en matière

------

(1) L'écrit de M. Hermosilla présente un vaste champ à exploiter, et, comme il est du domaine de MM. Duvergier et Salvandi, nous nous abstiendrons d'entrer dans de longs détails sur certains points qu'il ne leur sera pas difficile de réfuter de la manière la plus victorieuse. Ainsi, pour ce qui regarde l'article sur *les commissions exécutives*, nous nous bornerons à observer que, dans l'affaire dont il est question dans ce chapitre, les circonstances où se trouvait S. M. T. C. ont été bien différentes. S. M. T. C. avait été abandonnée par ceux qui lui avaient prêté serment de fidélité. Mais se trouvaient-ils dans le même cas, tous les militaires espagnols contre lesquels le gouvernement de S. M. C. s'est acharné, depuis l'abolition du système constitutionnel ?

de vols ? Ont-ils oublié qu'en même temps on créa aussi des conseils de guerre et avec un effet rétroactif ? Ont-ils oublié qu'un de ces conseils fit fusiller le colonel Labédoyère, un autre les frères Faucher, pour des délits commis plusieurs mois auparavant ? Ont-ils oublié que ces conseils condamnèrent à mort Bertrand, Savary, Cambrone, Gilly et beaucoup d'autres généraux, absens alors, et dont les condamnations furent ensuite annulées par des jugemens ou une amnistie ? Pourquoi donc ce qui alors fut appelé une sévérité nécessaire, serait-il regardé comme une cruauté de la part du Roi d'Espagne ? La rébellion française des cent jours exigeait-elle plus de rigueur que l'insurrection espagnole de quatre années ? Il faut ajouter que les commissions exécutives sont assujéties à beaucoup plus de formalités et de restrictions que les cours prévôtales et les conseils de guerre français. La sentence ne peut s'exécuter sans l'approbation du capitaine général, et ce dernier ne peut la donner sans consulter son assesseur (homme de loi); et, si l'avis de ce dernier n'est pas conforme à la décision de la commission, la question est décidée par le tribunal ordinaire. D'ailleurs, l'usage que les commissions exécutives ont fait de leur autorité extra-légale (puisque M. Duvergier la nomme ainsi), justifie pleinement une institution si salutaire, et d'un besoin aussi indispensable. Elles s'occupent de deux sortes de délits : des crimes politiques, et de certaines espèces de vols : et, dans les arrêts prononcés jusqu'à ce jour, elles ont déployé une équité et une clémence que ne déployèrent jamais les cours prévôtales et militaires de France, en 1815. Quant aux vols, toutes les fois qu'ils n'ont eu lieu ni à Madrid, ni sur les grandes routes, et qu'on a pu faire grâce de la peine capitale, on l'a pratiqué ainsi, sans qu'on puisse citer un seul cas du contraire. Pour ce qui regarde les délits politiques, sur cent procès intentés, on en a remis quatre-vingt-dix, et, parmi les dix autres, on n'a infligé la peine de mort qu'aux coupables surpris les armes à la main, ou convaincus, par des preuves irrécusables et par leur propre aveu, de former des bandes révolutionnaires : ceci est de notoriété publique. Dans la gazette de Madrid on a publié et on publie les condamnations des commissions : qu'on en fasse la lecture, et que tout homme de bonne foi déclare si elles ont sévi avec trop de rigueur, ou si plutôt leur clémence et leur indulgence ne méritent pas des éloges. Quelle infinité d'accusés, qui ont comparu devant ce tribunal et ont été absous, ou légèrement punis, auraient péri sur l'échafaud, si les mêmes délits avaient été jugés en France en 1815, même par les cours ordinaires! MM. Duvergier et Salvandi pourraient-ils ignorer qu'à Montpellier cinq malheureux fédérés furent guillotinés dans la même soirée, en avril 1816, et que leurs compagnons contumaces, condamnés aussi à mort, furent absous deux ans après? Qu'ils l'apprennent s'ils l'ignorent. Qu'ils nous citent un cas semblable de la part des commissions espagnoles. Certes, il faut avoir de l'effronterie pour insulter le voisin, lorsque les défauts qu'on se reconnaît devraient au moins imposer le silence.

J'ai promis de prouver la mauvaise foi des faiseurs de libelles, en copiant plusieurs de leurs paragraphes pour montrer la manière dont ils défigurent les faits; et quoique, plus avant, je trouverai encore beaucoup d'occasions pour accréditer cette vérité, je ne veux pas toutefois terminer ce point des commissions exécutives, sans citer le passage dans lequel M. l'ex-député Duvergier en fait mention.

« On ne trouve plus suffisante, dit-il, l'action des tribu-
» naux ordinaires : leurs formes sont trop lentes, elles proté-
» gent trop l'innocence. Des commissions exécutives militai-

» res sont organisées partout ; *exécutives*, le mot est bien
» trouvé, car elles jugent sommairement, font exécuter sur
» l'heure (*sur l'heure, fausseté : elles doivent faire part de
la sentence au capitaine général, à son assesseur et, au besoin, à la cour provinciale*), et rendent compte après. (*Et
en France, les cours prévôtales rendaient-elles compte de
leurs décisions ?*) Nul recours n'est à espérer vers un tribu-
» nal supérieur (*à qui en appelait-on en France des jugemens rendus par les prévôts ?*) vers la clémence royale :
(*c'est une si grande fausseté que l'auteur même modifie dans
une note son assertion générale.*) Qu'importe s'il meurt un
» innocent, on n'y regarde pas de si près. Les arrestations
» se multiplient, le sang coule (*le sang de combien d'hommes, et par quelle cause ? c'est ce qu'on ne dit pas*), mais il
» ne coule pas avec assez d'abondance. (*Personne n'en a
parlé en Espagne : au contraire, tous portent compassion au
petit nombre de coupables que la loi se voit obligée de punir.*)
» On n'en est pas encore abreuvé ; (*quel est ce tigre encore
avide de sang ? On ne le dit pas, mais on le laisse entendre*)
» un ministre s'écrie qu'il n'y a pas de milieu, en Espagne,
» entre mourir à la potence ou se dévouer au pouvoir absolu.
(*Est-il certain qu'un ministre ait tenu ce langage ? Oui,
Monsieur, si un journal de Paris le rapporte ! Bon témoin !*)
» Malgré cela, les commissions exécutives hésitent ; elles re-
» culent devant le pouvoir extra-légal (*une loi le leur a
conféré*) qui leur a été confié ; elles demandent que les degrés
» des peines applicables soient fixés. (*Les cours prévôtales ne
demandèrent pas la même chose, ne rétrocédèrent et ne chan-
celèrent pas...*) Le capitaine général répond par un décret de
» proscription ; la peine de mort et la confiscation y sont
» spécifiées dans presque tous les cas (*juste ou injuste elle
était imposée par la loi, et le capitaine général ne fit que*

spécifier les cas dans lesquels on devait les imposer ; et des lois
précises valent sans doute mieux que des lois vagues), les ju-
» ges décideront arbitrairement de la force des preuves. *(Et en*
France lorsqu'il n'y a point de jurés, comme dans les commis-
sions militaires, ne sont - ce pas les juges qui décident de la
force des preuves ? M. Duvergier a bien peu de mémoire.) En-
» fin, dans le même moment, le ministre de la justice écrit
» à tous les tribunaux que l'on ne condamne pas assez vite,
» qu'il faut aller plus lestement, abréger les formes, et que
» les juges qui ne se conformeront pas à ses ordres seront
» punis. Vit-on jamais rien de pareil ! des juges menacés de
» punition, de l'échafaud peut-être, s'ils n'y envoient pas
» les justiciables ! C'est un *crescendo (quel terme de musique*
si gracieux et employé si à propos !) d'inepties et d'atrocités.
» Le système de l'administration espagnole peut se résumer
» en peu de mots; la populace crie, *mort au négros (nous*
verrons ensuite que ce cri et le mot de négros nous le tenons et
l'avons appris des Français); les ministres écrivent aux com-
» missaires militaires : tuez. Si ce n'est l'expression littérale,
» c'est évidemment le sens de leur circulaire. » *(Il suffit que*
M. l'ex- député le dise.)

Il paraît impossible qu'on ait pu accumuler dans si peu de
lignes tant d'erreurs et tant de faussetés, et montrer tant
de mauvaise foi. J'ai suffisamment prouvé ces deux assertions
dans les parenthèses dont j'ai commenté ce passage vraiment
original; mais la clause qui le termine demande une explica-
tion particulière, pour que le monde voie jusqu'à quel point
et avec quelle effronterie on calomnie à Paris le gouvernement espagnol, et comme on transforme en autant de crimes
affreux et en autant d'actes de cruauté, les plus sages mesures. Il y avait dans les prisons beaucoup de détenus accusés
à la fois de délits ordinaires et d'attentats politiques; la len-

leur salutaire de nos formes judiciaires retardait la conclusion de leurs procès. En cet état, les détenus et leurs familles unissent leurs prières pour demander au Roi qu'il fasse abréger, autant que possible, la durée des procédures. S. M. ordonne que les juges devront prolonger de plusieurs heures leurs travaux, ne point s'arrêter aux formalités qui ne seront pas d'une nécessité indispensable, et faire tous leurs efforts pour terminer les procédures avec toute la promptitude que comporteront leur nature et leurs circonstances. Le ministre communique cet ordre, non pas aux commissions militaires, comme le prétend le libelliste, mais bien aux tribunaux ordinaires; et aussitôt voilà qu'on transforme en un ordre d'extermination générale une circulaire dictée par la clémence du Souverain, et par la douleur qu'il ressentait de voir la détention des accusés, dont un grand nombre devait nécessairement être innocens ou légèrement coupables, prolongée trop long-temps. Que voudrait M. Duvergier qu'on répondît aux plaintes et aux pétitions des détenus? voudrait-il qu'on les fît gémir pendant des siècles entiers dans leurs prisons, que les juges fussent occupés moins de temps, qu'on multipliât d'inutiles poursuites et de vaines formalités, et que, sans nécessité, on laissât les accusés dans une triste et pénible incertitude? Certes, une telle résolution aurait été très-humaine.

MESURES DE POLICE (1).

Parmi toutes les mesures adoptées, les libellistes en censurent quatre. En premier lieu, l'ordre donné lorsque le Roi

---

(1) On n'a pas besoin de répondre au fatras de cet article : l'auteur se condamne lui-même par les atroces et injustes mesures qu'il énonce. La police, en Espagne, se trouve réduite à la vo-

quitta Cadix, pour faire éloigner de sa route, pendant sa translation à la capitale, certaines personnes dont la présence devait réveiller dans l'esprit du Monarque de tristes et amers souvenirs. En second lieu, l'ordre donné pour que personne, sans une permission expresse, ne se rendît aux résidences royales lorsque S. M. y faisait son séjour. En troisième lieu, la circulaire publiée pour qu'on donnât des listes de toutes les personnes, en désignant le rang qu'elles occupèrent et la catégorie à laquelle elles appartinrent sous le gouvernement révolutionnaire. En quatrième lieu, l'ordre prohibitif de la mise en circulation des écrits incendiaires de la révolution, en s'en servant avec feinte pour envelopper les objets vendus dans les boutiques. Voyons en peu de mots ce que ces quatre articles renferment de véritable et de répréhensible.

Pour le premier, il suffira d'indiquer le motif qui occasiona l'ordre censuré. LL. MM., accompagnées de leur auguste famille, sortirent de leur captivité de Cadix le premier octobre. Alors se présentèrent au port de Sainte-Marie beaucoup d'individus qui, pendant le régime dit constitutionnel, avaient été ministres, conseillers d'état, députés aux cortès, chefs politiques, miliciens volontaires, etc., etc. Le roi fut étonné et indigné de voir les mêmes hommes qui l'avaient, pendant trois ans et demi, regardé comme leur jouet, qui

---

lonté du chef. Le premier qui en remplit les fonctions, M. Arjona, homme distingué, s'efforça de la maintenir sur les solides bases de la raison; et voilà précisément la cause qui le fit déposer, pour lui substituer Rufin Gonzalès, qui débuta dans sa carrière par le règlement mémorable, maintenant en vigueur, et dont le résumé se borne à armer tous les individus appelés *blancos*, pour massacrer et martyriser ceux qu'ils soupçonneront d'être *négros*.

avaient menacé sa précieuse existence, et dont plusiéurs s'é-taient montrés complices de l'odieux attentat commis à Séville pour sa déposition, venir encore l'insulter avec bassesse par leur présence et leurs regards. M. Victor Saez, lui-même, voulant éviter à LL. MM. ce déplaisir, obtint et communiqua l'ordre de faire éloigner certaines personnes à cinq lieues de la route par où elles devaient passer, et à quinze lieues de Madrid et des résidences royales. Je ne discuterai pas ici si, dans la désignation des classes, il fallait en omettre ou en ajouter plusieurs ; mais, quant à l'ordre en lui-même, je le demande, l'Espagne a-t-elle été la seule nation où, après des tourmentes révolutionnaires, on ait pris, par forme de pré-caution, des mesures de cette espèce, et de plus sévères encore ? MM. Duvergier et Salvandi ignorent donc, ou plutôt feignent d'ignorer, qu'en 1815 la police française éloignait, arbitraire-ment et sans décret royal préliminaire, non pas seulement de Paris, mais encore de leur propre domicile et des lieux de leur naissance, toutes les personnes sur lesquelles il leur plaisait de faire planer des soupçons, et les envoyait en *sur-veillance* à quarante, quatre-vingts, cent et même deux cents lieues de distance ? Ces messieurs croient donc qu'on ignore ce fait dans les autres pays ? Eh bien ! ce qui en France fut une prudente précaution, passera en Espagne pour un excès into-lérable de cruauté et de tyrannie ! Et ne vaut-il pas mieux ordonner à quelqu'un de s'éloigner à cinq lieues d'une cer-taine route, seulement durant le court voyage du Roi (la prohibition de s'approcher de quinze lieues fut bientôt annu-lée), que de l'envoyer de force à cent lieues de sa maison, et de le retenir confiné en ce lieu, et sous la vigilance d'une police soupçonneuse, tout le temps qu'il plaît au ministre ou direc-teur général de l'y retenir ?

Le second ordre se justifie par le même principe ; mais on

peut d'ailleurs ajouter, pour confondre les détracteurs du Monarque espagnol, que l'ordre donné, lorsque la cour fut transférée à Aranjuez, pour que personne ne pût aller à la résidence royale sans une permission expresse, fut bientôt abrogé par S. M. elle-même, et tout le monde put se rendre dans ce lieu, à la Granja et à l'Escurial, sans autres formalités que le passeport ordinaire. Ceci est un fait public; mais voyons comment le défigure M. Salvandi. « *Ce malheureux* » *monarque*, dit-il (page 55) en parlant du roi d'Espagne, qui » n'ose marcher qu'en chassant à quarante lieues de lui tout » ce que l'on compte, dans les lieux qu'il traverse, de com- » merçans, de prêtres, de titres de Castille, de noms illustres, » ne verra plus rien autour de son trône qu'une populace » sanglante et des moines menaçans. » Français qui vous trouvez encore en Espagne et à Madrid, diplomates des autres nations; vous tous, Espagnols, je vous prends à témoin ! Dites si jamais l'on rapporta dans un livre une calomnie plus atroce, un fait si évidemment faux. En quelle circonstance a-t-on chassé de Madrid, des résidences royales, et des autres endroits par où le Roi a dû passer, soit les négocians, soit le clergé séculier, soit les grands et les personnes titrées, soit enfin tout homme de distinction, seulement pour le rang qu'ils occupaient? Au moment où nous écrivons, le Roi entre à Madrid de retour de l'Escurial : il y a encore en garnison dans cette capitale deux régimens, l'un français et l'autre suisse. Qu'on demande à tous les individus qui les composent, si un seul négociant, un seul prêtre, une seule personne titrée, un seul individu, de quelque classe que ce soit, a reçu ordre de s'éloigner, je ne dis pas *à quarante lieues*, mais même *à quarante pas*; et, quelque ennemis qu'ils soient du gouvernement, ils n'en conviendront pas moins que l'assertion de M. Salvandi est la plus fausse qu'on ait pu imaginer : *et voilà justement comme on écrit l'histoire !!!*

Pour ce qui regarde l'ordre du surintendant de police, de dresser dans toutes les provinces des listes des personnes marquantes dans notre révolution, on n'en peut rien dire. Dans tous les pays du monde, le gouvernement demande des listes semblables pour connaître les personnes qui méritent sa confiance, et celles qui en sont indignes; et s'il était permis de censurer cette mesure, ce ne serait pas sans doute aux Français, dont la police active et vigilante a noté dans ses registres les noms des individus qui, pendant la révolution, firent partie de l'assemblée constituante, de la convention, qui furent législateurs ou directeurs, etc., qui servirent dans les armées, qui obtinrent tel ou tel emploi, telle ou telle commission, qui furent jacobins, *cordeliers, feuillants,* modérés, républicains, bonapartistes, etc.; on trouve dans ces registres un compte exact de toutes leurs plus secrètes démarches.

Quant à l'ordre qui défend de se servir, pour envelopper les marchandises, d'écrits incendiaires de la révolution, MM. les libellistes doivent savoir que le gouvernement ne donna pas de son propre gré un semblable décret, mais qu'il y fut forcé par les révolutionnaires eux-mêmes. Un des nombreux artifices par lesquels ils espéraient ranimer les espérances abattues de leurs partisans, et allumer le feu presque éteint de la prétendue liberté, fut de répandre avec profusion dans toutes les boutiques de Madrid, comme du vieux papier, les pamphlets les plus subversifs qu'on eût écrits durant l'anarchie constitutionnelle, et les satires les plus indécentes publiées contre le Roi dans cette malheureuse époque; en même temps ils glissaient et mêlaient parmi ces papiers des proclamations imprimées et envoyées de Gibraltar. Le gouvernement connut la fraude et la coupable intention de ceux qui répandaient ces écrits révolutionnaires ; et, pour déjouer leurs criminels projets, la Cour criminelle, et non la police (car Duvergier se trompe même sur ce point), ordonna qu'on ne s'en servît pas pour envelopper les marchandises. Que peut-on trouver de répréhensible dans cette mesure ? Toutes les polices du monde ne prennent-elles pas de semblables mesures en pareilles circonstances ? Celle de Paris, entre autres, ne vient-elle pas d'anéantir plusieurs milliers d'exemplaires du précis de M. Dupuis? ne s'est-elle pas en différentes occasions emparée de livres obscènes, de caricatures indécentes, d'écrits et d'ouvrages qui lui ont paru préjudiciables ? Or, pourquoi accuse-t-on la Cour criminelle de Madrid d'avoir prohibé la clandestine et frauduleuse circulation de papiers plus immoraux et plus incendiaires que tous ceux qui ont jamais vu le jour, sans même excepter du nombre le journal de Marat ? Etrange maxime adoptée par MM. les Parisiens à l'égard de leur prochain ! ce qui à leurs yeux est bon, utile, sage, juste et nécessaire, pourvu qu'il s'exécute en France, devient mauvais, funeste, brutal, injuste et inutile, lorsqu'on l'imite de l'autre côté des Pyrénées. Nous verrons par d'autres preuves que telle est la logique de ces Messieurs ; maintenant continuons notre sujet.

PURIFICATIONS.

Ecoutons M. Duvergier sur ce point vraiment curieux :
« Tous les employés, dit-il, depuis la fonction la plus mince,
» jusqu'au grade le plus élevé dans toutes les administrations,
» dans les universités et dans l'armée, ont dû se purifier, subir
» des interrogatoires, et répondre à de sourdes délations ; et,

» après ces formalités, on les déclare impurs s'ils sont *con-*
» *nus* pour constitutionnels, ou si on les soupçonne de pro-
» fesser de mauvais principes : personne, à l'exception des
» soldats de la Foi, ne fut exempt de cette purification. Aussi le
» journal des Débats (*excellent juge !*) a fort bien caractérisé
» ces purifications, en disant qu'elles ne sont pas moins mi-
» sérables qu'impossibles à exécuter (1). » Fort bien, Monsieur
l'ex-député ! mais n'espérez pas que je les justifie par des ar-
gumens théoriques, quoique sans réponse, qu'il me serait facile d'accumuler. Ainsi, je ne dirai pas que dans tous les pays
du monde, et, non pas seulement au sortir d'une révolution,
mais encore dans des temps ordinaires, on écarte et on éloi-
gne des emplois et des charges publiques les hommes qui
n'inspirent pas de confiance, et que ce n'est point une prérogative, mais un devoir des gouvernemens : je ne dirai pas
avec le libéralissime Bentham, que, sans manquer à la justice,
on peut dans une monarchie exclure les républicains des emplois, et, dans les républiques exclure les partisans de la
monarchie ; je n'ajouterai pas non plus, avec le même juris-
consulte, que personne, en temps de guerre, ne recommanda
jamais au général ennemi le soin d'approvisionner les pla-

____

(1) Et peut-être M. Duvergier ignorait encore que, dans les
purifications, on comprenait même les défunts, pour priver les
veuves des militaires, morts sur le champ de bataille, ou par suite
de blessures reçues dans la dernière guerre, des droits qui leur
étaient acquis, et qui sont leur propriété : car, en Espagne, les
droits de veuvage sont fondés sur un dépôt que fait tout militaire,
par suite d'une retenue forcée sur ses appointemens, depuis son
entrée dans le service comme cadet jusqu'à sa mort. Le ministre
Ayméric a privé les malheureuses veuves d'une propriété si
sacrée.

ces fortes. Sans faire toutes ces réflexions, je me bornerai à citer l'exemple de la France. M. Duvergier a-t-il déjà oublié qu'en 1815 *on épura tous* les corps militaires, *tous* les tribunaux, *toutes* les administrations et *tous* les bureaux, *toutes* les municipalités, *toutes* les préfectures, *toutes* les universités, *tous* les lycées de France? A-t-il oublié que ces *épurations* se firent par la seule volonté des ministres, sans informations préalables? que, par cette seule volonté, on dépouilla de leurs emplois, sans leur laisser aucune solde, *tous* les préfets, sous-préfets, secrétaires de préfecture, maires, adjoints, juges des tribunaux des départemens, et même du tribunal de cassation, employés de toutes les classes, officiers militaires, et professeurs qui parurent suspects ou furent qualifiés arbitrairement de républicains ou de bonapartistes? A-t-il oublié qu'un M. Duvergier (cette identité de nom est un heureux hasard), qui était le premier président de la Cour royale de Montpellier, fut destitué pour avoir été tribun, et parce qu'on supposait que, sous le gouvernement impérial, il s'était chargé d'une certaine mission secrète? A-t-il oublié que le premier botaniste de l'Europe, M. de Candolle, perdit la chaire qu'il occupait à ce même Montpellier, seulement parce que, dans les cent jours, il avait été nommé, bien malgré lui, recteur de cette université? A-t-il oublié que la fameuse école polytechnique fut non - seulement épurée, mais fermée et dissoute, parce que ses élèves avaient montré quelque chaleur durant les cent jours? A-t-il oublié.... (1).

---

(1) On n'ignore aucun de tous ces faits; mais il n'y a nul rapport entre le cas où se trouvait S. M. T. C. qui fut abandonnée en dépit du serment qu'on lui avait prêté, et celui où se trouvait le Roi d'Espagne, pays où l'on punit, et où l'on persécute pour

mais à quoi bon citer encore mille et mille exemples d'épurations gallicanes? Or, s'il en conserve encore le souvenir,
pourquoi accuser le gouvernement espagnol d'avoir imité,
dans une crise semblable, l'exemple de la France, surtout
lorsqu'on a ici procédé aux purifications avec plus de circons-
pection et dans un sens beaucoup plus favorable et plus utile
aux coupables? Que M. Duvergier apprenne, s'il l'ignore,
qu'en France on priva les individus de leurs emplois, à la
suite des *épurations*, et simplement par un ordre du ministère,
sans leur donner aucun moyen de défense; et qu'ici cela ne
dépend pas de la volonté des ministres, mais de la décision
des juntes chargées de cette affaire; que ces juntes reçoivent
et prennent en considération tout ce que peut alléguer en sa
défense celui qui se purifie; qu'ensuite on exige des informations secrètes qui doivent être appuyées du témoignage de trois
personnes respectables qu'on suppose impartiales; (quelquefois elles peuvent ne pas l'être; mais comment le deviner?)
Que si deux de ces informations sont favorables à l'intéressé,
on le déclare purifié; que si elles lui sont contraires, on le
regarde comme non purifié, mais on lui permet de solliciter
la révision de sa cause; que, s'il la demande, on prend de
nouvelles informations, et on les reçoit de la bouche de trois
autres personnes; et que même, si elles lui sont désavanta-
geuses, il trouve encore une troisième ressource dans la clé-

le crime d'avoir obéi à S. M. ; car, enfin, on ne fit qu'obéir à ses
ordres lorsqu'on jura le code que dans ses actes elle appela tant
de fois sacré sans y être contrainte en aucune manière ; et ce qui le
prouve, c'est que de même que dans une certaine occasion S. M.
changea le sens d'un discours qui lui fut présenté par les ministres, de même elle eût évité d'employer cette expression si elle
l'eût jugé convenable.

mence du Roi ; que S. M. a conservé à plusieurs une partie de leur première solde, plus ou moins grande, selon leurs droits d'ancienneté et de service, et, qu'à l'égard des autres, elle a ordonné qu'on réunît toutes les réclamations pour les examiner, et assigner également une pension à tous ceux que leur crime n'aura pas rendu indignes de cette générosité vraiment royale. En agit-on ainsi en France ? procéda-t-on avec autant de scrupule ? Observa-t-on autant de formalités et autant de précautions favorables aux employés ? que le même M. Duvergier réponde s'il le peut.

EXCÈS POPULAIRES (1).

Déjà nous arrivons au grand cheval de bataille, selon l'expression des Français, des détracteurs de la restauration espagnole. C'est ici que nous verrons leurs déclamations,

---

(1) Sur ce point, il suffirait de donner la liste des personnages les plus marquans, insultés et vexés dans ces derniers mois, pendant lesquels, selon Hermosilla, l'effervescence s'est calmée. Les persécutions dirigées contre les respectables évêques de Majorque, de Murcie et de Madrid, dont le premier s'est réfugié à Marseille; contre le général Burriel qui s'est enfui en Angleterre ; contre les colonels Escario et Lasana incarcérés dernièrement à Talavera ; contre le respectable ecclésiastique Melo, ex-député du parti modéré, enfermé dans un couvent de Lerma, après avoir été plongé dans un cachot des prisons de Madrid : toutes ces persécutions n'ont pas eu lieu dans les premiers mois. Je pourrais remplir plusieurs pages des noms des personnes les plus notables, et distinguées par leurs principes de modération, qui ont été arrêtées ou persécutées, et cela depuis que *l'effervescence du peuple s'est calmée.*

leur compassion hypocrite, et leur apparence de triomphe. Misérables ! deux mots suffisent pour les rendre muets ; mais auparavant, cherchons à saisir le fond de la question, et à rectifier les faits.

Dans toute révolution, dans toute guerre civile, on commet de grands et de nombreux excès que le gouvernement le plus paternel ne peut prévenir, arrêter aussitôt, réprimer et punir comme il le voudrait : dans toutes les crises, le parti vainqueur abuse plus ou moins de sa victoire, opprime à son tour les premiers opprimés, et se venge de tout son pouvoir des offenses reçues : ce n'est qu'au moment où la première effervescence est passée, que le gouvernement légitime peut calmer lentement les passions, rétablir l'ordre, et enchaîner la populace par le frein salutaire de la loi : voilà de tristes vérités consignées dans beaucoup de pages de l'histoire, et surtout dans celle de France. Par conséquent le peuple, ou plutôt la populace, vexée, maltraitée, opprimée pendant trois ans par une poignée de furieux partisans de l'anarchie, insultée même jusque dans les objets les plus sacrés de sa religion et de sa loyauté, s'est portée à quelques excès, en se voyant libre du joug, surtout lorsque, hors des routes militaires suivies par les Français, et d'un petit nombre de villes où ils laissaient garnison, et des terrains occupés par des constitutionnels qui disparurent bientôt, il n'y avait nulle part ni garnison, ni force armée, et ni même, dans plusieurs endroits, de magistrats municipaux : ce fut sans doute un malheur déplorable, mais que la junte provinciale et la régence ne purent éviter. Ce dont il faut s'étonner, c'est que ces excès n'aient pas été plus grands qu'ils le furent en réalité. Oui, le monde doit le savoir, tous ces horribles attentats, si grossis et exagérés, se réduisirent à ce que, dans un petit nombre de villages, (il n'y en a pas même deux cents dans les vingt-deux mille que l'on compte en Espagne) où l'on n'avait point laissé de garnison, la populace se permit d'arrêter arbitrairement plusieurs de ceux qui avaient témoigné le plus d'exaltation sous la domination des Cortès, d'en maltraiter de paroles, et même, si l'on veut, de faits, de voler autant qu'elle le put, et même de commettre plusieurs assassinats; mais ces derniers (nous le soutenons à la face du monde sans craindre des preuves du contraire) ne s'élevèrent pas au-dessus de vingt sur toute la surface de l'Espagne. Voilà à quoi se réduit cette extermination générale, cette effrayante réaction dont on parle tant dans les journaux étrangers, et dans les deux libelles parisiens. A Dieu ne plaise que j'approuve, ou que je justifie jamais les violences auxquelles se porte la populace en temps de révolution; mais je soutiens que celles qui ont été commises en Espagne, ne sont pas même l'ombre de celles qui ensanglantèrent le midi et même l'ouest de la France, je ne dis pas dans les déplorables jours du jacobinisme, mais en 1815, tandis que le légitime souverain se trouvait à Paris et sur son trône, tandis qu'il avait, pour étouffer les fureurs populaires, six cent milles baïonnettes étrangères. Et pour dissiper tous les doutes, qu'il me soit permis, puisqu'il a plu aux écrivains français de tracer à leur façon le tableau de notre restauration, d'esquisser légèrement celui de la réaction arrivée en 1815 dans les départemens méridionaux de l'humaine, de la sensible France.

Après la défaite de Waterloo essuyée par le Corse, l'armée anglo-Prussienne entra à Paris, l'autorité royale fut rétablie. Cette nouvelle se répandit dans le midi de la France, et, avec la rapidité de l'éclair, on organisa dans les principales villes un système de persécution acharnée et sanglante contre les individus dits Bonapartistes, parti auquel on supposa que les protestans appartenaient, et c'est par cette raison qu'on les qualifia du titre de *négros*. A Marseille, dépôt des Mameluks et Égyptiens réfugiés, on égorgea plus de trois cents personnes de tout sexe, sans en excepter même les enfans; d'un autre côté, dans le seul département du Gard, les bandes armées de Trestaillon en fusillèrent de leur propre mouvement, sans forme de jugement, et uniquement parce qu'il leur plaisait de les qualifier *de négros*, quatorze cents; dans tous les autres départemens méridionaux plusieurs bandes trestailloniques commirent, dans les villes, villages, hameaux et métairies, d'affreux attentats qui font frémir l'humanité. A Avignon, la populace assassina un maréchal de France, le malheureux et vaillant Brune; à Toulouse, le général Ramel fut mis en pièces; à Nîmes, le général Lagarde fut blessé presque mortellement (quoiqu'un peu après), et par tout où il n'y avait point de baïonnettes étrangères, on persécuta sans pitié et comme des bêtes féroces les fédérés (c'est-à-dire les miliciens volontaires des cent jours), et les officiers de l'ancienne armée qui se rendaient, qui étaient retraités, ainsi que tous ceux réputés Bonapartistes en général. Ajoutez les oliviers coupés, plants de vignes ravagés, les maisons de campagne détruites, les villes publiquement saccagées, les emprisonnemens volontaires faits même par des troupes d'enfans armés de bâtons, et l'on n'aura encore qu'une légère idée de la réaction dans le midi de la France en 1815 : ces excès ne durèrent pas seulement plusieurs jours, ils ne se commirent pas dans une accès soudain d'une fureur passagère et irréfléchie; ils se continuèrent pendant l'espace de deux mois, et s'exécutèrent avec tant de sang-froid, que le barbare Trestaillon se promenait dans les rues de Nîmes escorté de ses homicides satellites, et suivi du tombereau fatal. La liste à la main, il allait de maison en maison pour y chercher les proscrits, et s'il les trouvait, il leur ordonnait de descendre dans la rue. Ces malheureux, aux portes mêmes de leurs maisons, étaient percés de coups, et leurs cadavres ensuite jetés sur le tombereau pour être transportés au cimetière, avec ceux qui devaient encore être victimes des bourreaux. Les faits que je cite sont publics et notoires : c'est une histoire écrite et publiée par des témoins oculaires. Hé bien ! que sont-ils, les excès commis en Espagne, si on les compare à de tels forfaits ? Le Locho fit pendre un habitant de Consuegra (fait sur lequel il y aurait beaucoup à dire), on arrêta à Saragosse plusieurs personnes qui furent ensuite mises en liberté ; il y eut, dans un tumulte survenu à Roa, plusieurs morts des deux partis ; mais, je le demande, que sont ces désordres, si on les compare aux quatorze cents victimes du seul département du Gard ? Si, dans quelques endroits, on invectiva, on maltraita de coups de bâton les miliciens qui revenaient de Cadix où ils avaient été chargés de l'honorable commission d'être les geôliers de leur Roi (1) on eut tort

---

(1) Et pourquoi ne les appellerait-il pas des *bourreaux*, comme d'autres l'ont déjà fait, quoique, depuis le 7 juillet, le Monarque n'eût d'autres gardes dans l'intérieur et au dehors du palais ? Leur conduite dans quelques émeutes excitées à Madrid par les ambitieux (gens qui se trouvent partout), et surtout dans celle de février 1823, dirigée par les ministres choisis par le Roi ; leur conduite sur la route de Séville et dans Cadix jusqu'à la sortie du Roi, réfute d'elle-même les détracteurs de ce corps respectable de volontaires, l'élite de la noblesse et des propriétaires, enrôlés pour soutenir les lois et l'inviolabilité de la personne du Monarque. Leur discipline, leur dévouement, leur fidélité, répondent victorieusement aux fausses accusations de la mauvaise foi, de l'esprit de parti, et d'écrivains mercenaires.

sans doute de le faire, parce que le peuple ne doit jamais faire justice par sa main ; mais les outrages et les coups de bâton sont-ils comparables à l'extermination et aux coups de poignard ? Comment osent-ils parler des désordres populaires de l'Espagne, ceux qui connaissent les traitemens qu'éprouvèrent, après avoir déposé les armes, les deux bataillons du treizième qui étaient en garnison à Montpellier et à Marseille, et l'autre qui fut à Nîmes, massacré impitoyablement presqu'en entier aussitôt qu'il sortit de la caserne, et qui se laissa désarmer, sous la promesse qui lui avait été faite par les magistrats supérieurs eux-mêmes !

Je sais bien que ces scènes sanglantes affligèrent le cœur sensible du Monarque français ; je sais que, pour mettre un terme à la licence générale de la populace dans le midi, il envoya monseigneur le duc d'Angoulême qui parvint enfin à calmer l'effervescence ; mais je ferai seulement cette question : si lorsque Louis XVIII se trouvait à Paris, et lorsqu'il y avait en France tant de troupes auxiliaires, on fût dans l'impossibilité d'empêcher que, pendant l'espace de deux mois, on ne cessât de commettre impunément tant d'horreurs, comment veut-on qu'une régence qui, pour tenir dans l'ordre les habitans de presque toutes les villes de la Péninsule, où il n'y avait pas de garnisons françaises, n'avait d'autres moyens coercitifs, et d'autres armes que les ordres impuissans qu'elle expédiait, pût empêcher qu'on n'exerçât, dans plusieurs endroits, des vexations plus ou moins graves ? Et, puisqu'on se fait un triomphe de nous citer ces prétendus excès, pourquoi ne pas ajouter qu'ils furent pour ainsi dire éphémères, qu'ils cessèrent bientôt, qu'ils furent bien moins fréquens et bien moins graves qu'on n'aurait pu le redouter, et que, depuis plus d'un an, on ne commet plus dans toute l'Espagne, que des délits ordinaires ? Et pourquoi ne pas ajouter qu'on

y jouit d'une tranquillité parfaite, quoiqu'il n'y ait de baïonnettes françaises qu'à Madrid et dans quelques places fortes? Si
les persécutions contre *les négros* ont été poussées à ce point de
fureur, pourquoi ne se sont-elles pas renouvelées dans les
endroits où il n'y a point eu de garnisons étrangères? et
comment ne s'exercèrent-elles jamais dans les dix-neuf mille
villes, bourgs, ou villages où les Français ne se trouvèrent
jamais, ou ne se trouvaient que momentanément?

DECRET D'ANDUJAR.

Je suppose, je crois, j'avoue, je reconnais qu'il fut dicté par
la volonté la plus louable, et que le généralissime français
n'écouta, pour le donner, que les généreux sentimens de son
cœur magnanime; mais j'ajoute que le conseil de ceux qui
l'engagèrent dans cette démarche ne fut pas trop adroit
en de semblables circonstances, parce que le décret, louable
et utile en lui-même, était déjà hors de propos, sans effet,
impolitique et impraticable à l'époque où il fut promulgué.
S'il s'était publié à Irun ou à Oyarzun, avant l'installation de
la junte, ou à Madrid, le jour de l'entrée des Français,
il aurait été reçu avec enthousiasme, et aurait produit les
fruits utiles que s'en proposait le généralissime (1), parce que
les discordes n'avaient pas encore commencé, et que la populace n'avait pas encore rompu le frein; mais attendre, pour
le donner, l'époque du mois d'août, et le donner à Andujar,
lorsque les passions étaient dans leur plus grande exaltation,
et lorsque la populace, dans les villes sans garnison, n'avait

____

(1) *Il vaut mieux tard que jamais*, dit le proverbe. Le bien
n'arrive jamais trop tard.

plus de frein, c'était appliquer un remède trop tardif, et déjà reconnu inutile. Il fut contraire à la politique, car il ne pouvait servir, et ne servit réellement qu'à refroidir l'enthousiasme avec lequel les loyaux Espagnols avaient reçu les Français : 1.º parce qu'ils y trouvèrent un ton d'autorité qui, lorsque la régence était déjà nommée et reconnue, n'était pas très-conséquent dans la bouche du même prince qui, dans sa proclamation de Madrid, avait annoncé qu'à l'avenir il s'occuperait seulement des opérations militaires; 2.ª parce qu'il parut qu'on voulait suivre, en Espagne, un système de bascule, peut-être utile en France, mais qui ne peut s'accorder avec l'autorité inflexible du caractère espagnol. En effet, les royalistes virent, dans le décret d'Andujar, qu'après avoir approuvé ou du moins dissimulé les fougueux transports de leur loyauté, tandis que le triomphe des armes françaises était encore incertain, on voulait caresser en même temps les révolutionnaires lorsqu'ils n'étaient plus à craindre. Il était impraticable, parce que toutes les troupes françaises se trouvant occupées, les unes à former le siége de Saint-Sébastien, Pampelune, Santona et Cadix, les autres à poursuivre Ballesteros, d'autres à anéantir les restes de l'armée de Lopez Bagnos, d'autres à vaincre ou à séduire celle de Morillo, et enfin celle de Catalogne à lutter avec Mina; si l'on avait voulu employer la force pour exécuter le décret dans toutes ses parties, il aurait fallu interrompre les travaux les plus urgens et les plus indispensables, et les armées françaises auraient pu se trouver entre deux feux. Et si un soulèvement avait éclaté dans les provinces qu'elles laissaient sur leurs derrières, qui sait si un seul homme des soixante mille qui avaient, en avril, traversé la Bidassoa au milieu des acclamations les plus cordiales de tous les fidèles sujets du roi d'Espagne, serait parvenu à repasser cette rivière? Si Ferdinand avait été déjà libre, sa voix aurait pu calmer l'irritation populaire; mais, pendant sa captivité à Cadix, qui aurait eu assez d'éloquence et d'autorité pour faire écouter les accens de la raison ? C'est par le même motif que la régence, sans protester à la face de l'univers, comme le soutient faussement Duvergier, représenta au cabinet français les funestes inconvéniens que présentait l'exécution du décret ; c'est pour la même raison que le roi de France et ses ministres reconnurent la justesse de ses observations, et qu'ils insinuèrent au prince de ne pas s'engager dans des démarches périlleuses. M. le Duc d'Angoulême se rendit avec docilité à ces avis, et le décret demeura sans exécution, au grand bonheur de l'Espagne (1) et même de la nation française. Voilà la vérité, voilà le fait ; tout ce que disent les libellistes n'est que pure déclamation.

CAPITULATIONS (2).

A cette accusation, je pourrais répondre, clairement et en peu de mots, que les capitulations accordées par mon-

---

(1) M. Hermosilla aurait certainement dit pour le *malheur* de l'Espagne, s'il eût pu écrire d'après sa propre conviction.

(2) Il est bon de se rappeler que les biens de plusieurs généraux et chefs qui ont capitulé, ont été séquestrés en Aragon, que les membres de la municipalité de Barcelone ont été en butte à d'atroces persécutions. On peut du reste s'en rapporter, à l'égard de ces capitulations, aux malheureux qui périssent de misère, à leurs familles qui sont les tristes victimes de la confiance des généraux qui les conclurent dans l'espoir que le Roi ne désapprouverait pas l'auguste sanction donnée par le prince généralissime ; rapportons-nous au dire de toute l'Espagne, et nous saurons alors si M. Hermosilla a écrit avec impartialité.

seigneur le duc d'Angoulême ont été observées avec une fidèle et religieuse exactitude, quant à l'oubli du passé et à la conservation des grades, points essentiels. En effet, tous les soldats, caporaux et sergens, et plus de mille officiers, qui, en vertu de ces dernières, restèrent en Espagne, ou sont revenus des dépôts français, vivent en paix et avec tranquillité dans leurs foyers, sans être persécutés ni recherchés pour leur conduite sous le système révolutionnaire : les officiers conservent leurs grades, et même on leur paye la partie de leurs appointemens qui leur revient d'après les lois en vigueur à l'égard des individus mis en retraite, lois établies non pas seulement pour eux, mais même pour ceux qui, sans attendre les capitulations, abandonnèrent les drapeaux de la rebellion et se présentèrent aux généraux royalistes. Tous ceux qui ne sont pas rentrés dans leur patrie peuvent le faire, quand bon leur semblera, avec la même sûreté ; seulement certains officiers généraux et d'un grade supérieur devront répondre judiciairement sur les faits dits de haute trahison, ou qui entraînent préjudice d'un tiers. Cette exception unique, qui ne s'étend pas à vingt-quatre personnes, se justifie par elle-même, et par des raisons politiques auxquelles on ne peut rien répondre ; mais, avant de les alléguer, il ne sera pas hors de propos de citer l'exemple de la France.

MM. Duvergier et Salvandi savent-ils qu'en 1815, après la perte de la bataille de Waterloo, l'armée anglo-prussienne marcha rapidement vers Paris ? savent-ils qu'avec les troupes de l'intérieur, les restes de l'armée, et même avec la garde nationale, on réunit aux environs de Paris une force armée de plus de quatre vingt-dix mille hommes (c'est un fait constaté officiellement dans le procès de Ney), que l'on fit des retranchemens, que l'on éleva des batteries, et qu'on préparait une vigoureuse résistance ? savent-ils qu'en ces circonstances le *généralissime auxiliaire*, *duc de Wellington*, pour ne point retarder le triomphe définitif des armées alliées, pour épargner le sang de ses soldats, et, si l'on veut, pour ne point répandre celui des Français, régla les conditions d'une capitulation, dans laquelle furent compris tous les militaires qui se trouvaient alors à Paris, et où il fut expressément stipulé, comme dans les capitulations d'Espagne, que le passé serait oublié, et que personne ne serait persécuté pour sa conduite antérieure ? savent-ils qu'au moment où l'on négociait, signait, et ratifiait cette capitulation, le roi de France, qui venait à l'arrière-garde de l'armée étrangère, et sans troupes de sa nation, se trouvait déjà à St.-Cloud ou dans ses environs, c'est-à-dire qu'il put être instruit des négociations, et déclarer publiquement si elles méritaient son assentiment ou sa désapprobation ? savent-ils qu'après l'entrée du vainqueur dans Paris par suite de cette convention, après la retraite de l'armée française sur les bords de la Loire, après le rétablissement du Roi sur son trône, après que Paris fut délivré des horreurs d'un siége et d'un pillage général, on poursuivit, incarcéra, jugea, condamna à mort et fusilla le brave des braves, le fameux duc d'Elchingen, prince de Moskowa, pair et maréchal de France, en un mot, le trop infortuné Ney ? savent-ils qu'on incarcéra, jugea et condamna également (quelques-uns même furent exécutés) plusieurs généraux et colonels, tels que Savary, Bertrand, Labédoyère, les frères Faucher, et d'autres compris dans la capitulation de Paris ou dans d'autres semblables, et conclues sur différens points avec les généraux étrangers ? savent-ils que le malheureux maréchal Ney en appela officiellement à la puissante autorité du duc de Wellington, lui demandant qu'il exigeât du gouvernement français l'exécution de la capitulation de Paris, et que le noble lord répondit que le roi de France n'avait pas jugé convenable de l'approuver? En **un mot, savent-ils** que S. M. T. C., quoique d'un naturel clément, laissa cependant poursuivre la procédure, et que la capitulation publique, solennelle, sacrée, accordée par le *généralissime auxiliaire*, ne préserva pas un pair, un maréchal de France, des balles qui lui percèrent le cœur et lui firent sauter la cervelle? s'ils l'ignorent, qu'ils lisent le procès imprimé de Ney; l'on y verra consignés officiellement et textuellement tous les faits que, Dieu merci, nous n'ignorons pas, tout barbares *africains* que nous sommes (1).

Maintenant, je suis bien loin de vouloir censurer la conduite de S. M. T. C. dans l'affaire de Ney, parce que je sens et suppose que la sûreté de son trône exigeait le sacrifice d'une victime si illustre ; mais je veux seulement que MM. les libellistes me répondent à ce qui va suivre. S'il est permis à un roi de France de ne point approuver une capitulation faite en sa faveur, car elle lui ouvrit les portes de sa capitale et le rétablit sur son trône, une capitulation négociée, accordée et jurée par un généralissime étranger, agissant comme son auxiliaire, une capitulation qu'il put connaître au moment où elle était stipulée, et à la concession de laquelle il pouvait mettre obstacle si elle n'était pas conforme à la dignité du trône, pourquoi un roi d'Espagne ne pourrait-il pas désapprouver, à l'égard d'un certain nombre de personnes, des capitulations faites pendant sa captivité, dont par conséquent il n'eut et ne put avoir connaissance au temps où on les signait, ni s'opposer à ce qu'on les accordât sans aucune restriction ? Dira-t-on que le délit de Ney était beaucoup plus grave que

(1) Nous répéterons ici ce que nous avons dit dans la note de la page 38, que la situation de S. M. Louis XVIII en 1815, ne saurait en rien être comparée à celle de Ferdinand en 1823.

celui des généraux et officiers que le roi Ferdinand veut soumettre à un jugement légal; en cas qu'ils se présentent sur le territoire espagnol? Au contraire, le délit de Ney, grave sans doute, le fut cependant bien moins que les crimes révolutionnaires des Quiroga, Lopez-Banos, Odalis, Saint-Michel, Ballesteros, Mina, Rotten et Palarea. Ney sortit de Paris, bien résolu à combattre, s'il le pouvait, et même à faire prisonnier Bonaparte, contre lequel il nourrissait de profonds ressentimens, et dont il avait reçu dans la campagne de 1814 certaines injures que l'honneur ne pardonne jamais; mais il eut le malheur de voir, lorsque les deux armées étaient presque en présence, la fidélité de la sienne s'ébranler peu à peu, les villes et villages d'alentour se déclarer en faveur du Corse, et il sentit qu'il s'efforcerait en vain de poursuivre, avec des troupes rebelles à ses ordres, le succès d'une entreprise que S. A. R. le comte d'Artois à Lyon, Mgr. le duc d'Angoulème au Saint-Esprit, et son héroïque épouse à Bordeaux, ne purent faire réussir avec des troupes qui paraissaient plus fidèles, et animées d'un meilleur esprit. Dans cette position désespérée il eut la faiblesse, impardonnable sans doute, mais enfin plutôt faiblesse qu'intention criminelle, de publier la fatale proclamation que lui envoya l'usurpateur, et de se soumettre à sa volonté, ainsi que le firent plusieurs autres Français qui aujourd'hui font sonner si haut leur amour pour les Bourbons et leur; donc... donc... donc... Qu'on déclare maintenant de bonne foi, si sa faute, son délit, comme on voudra l'appeler, peut se comparer aux crimes des généraux et des officiers qui soulevèrent l'armée de l'île de Léon, qui, le poignard en main, obligèrent leur Roi de jurer une constitution qui, tout en lui donnant les titres spéciaux de sacré et d'inviolable, le détrônait en effet, qui offrirent leurs bras et leurs épées pour le faire matériellement détrôner à Séville, et qui, non-seulement refusèrent de s'unir, lorsqu'ils devaient et pouvaient le faire, aux divisions royalistes dont le noble héroïsme soutenait les droits du trône, en Catalogne, en Aragon et en Navarre, ou à l'armée auxiliaire lors de son entrée en Espagne; mais qui prirent encore le commandement des bandes révolutionnaires, d'abord contre les loyaux Espagnols, ensuite contre les Français, égorgèrent un grand nombre de prisonniers, et résistèrent aux armées françaises jusqu'au moment où, se voyant perdus ils eurent recours à une capitulation : du moins Ney, quoiqu'il commandât une division à Waterloo, ne suborna et ne souleva point son armée contre le légitime souverain; il n'obligea pas ce prince à jurer des constitutions anarchiques; il ne combattit pas contre ses propres concitoyens; mais les héros auxquels les libellistes portent maintenant tant d'intérêt, firent d'une armée fidèle une armée parjure, et tournèrent contre leur Monarque les mêmes armes qu'ils avaient reçues de sa main pour reconquérir de très-importantes possessions. Ney fit ce que firent, pendant les cent jours, tant d'officiers militaires et non militaires; mais il ne fit point sortir Bonaparte de l'île d'Elbe, il ne lui facilita pas des moyens de débarquement; et, s'il lui offrit son épée, ce ne fut qu'en suivant l'exemple des garnisons de Grenoble, Lyon, et plusieurs autres. Il eut tort sans doute, je le répète; mais quel rapport existe-t-il entre cette espèce d'étourderie , et le crime d'hommes qui, auteurs d'une révolution jacobinique, ont tenu en captivité leur Roi pendant l'espace de trois ans, l'ont déposé de sa dignité, et n'ont cessé de le menacer, armés du poignard homicide ?

Il y a une autre considération, c'est que, même en supposant que le roi Ferdinand voulût remplir exactement les capitulations accordées par les généraux français, et absoudre de tout jugement légal certains militaires, ces derniers ne pourraient paraître en Espagne sans que l'indignation publique ne les mît aussitôt en pièces. On aurait tort d'en agir ainsi ; mais le roi ne pourrait l'éviter, même en employant toute son autorité. Comment prétendre qu'on laisse retourner en Espagne, pour y vivre avec impunité, et insulter aux cendres de leurs victimes, un Mendez-Vigo, après avoir assassiné si inhumainement les innocens détenus du château de Saint-Anton ? un Palaréa , après avoir ordonné, de sang-froid et sans aucune utilité pour son parti, et sans formes judiciaires , le supplice des détenus dans les prisons d'Orense, lorsqu'il fuyait lui-même les baïonnettes françaises ? (Pourquoi donc cette inutile cruauté ?) (1) un Rotten, après avoir fait fusiller, avec autant de perfidie que de barbarie, l'ancien et vénérable évêque de Vich ? (un évêque, grand Dieu ! et en Espagne !) un Mina, après avoir brûlé même des villes florissantes en Catalogne, égorgé leurs malheureux habitans, après en avoir saccagé d'autres, et ruiné, par ses rapines constitutionnelles, la province la plus industrieuse du royaume ? Qu'ils pèsent avec soin ces circonstances ceux qui témoignent tant de compassion à l'égard des héros du jacobinisme, et la voix secrète de leur cœur dira si leur malheur est bien mérité. Et que pourront-ils m'objecter sur le grand-maître ou premier commandeur des communeros, et sur l'aide-de-camp

---

(1) Aucun de ces chefs ne s'est souillé des crimes que leur impute l'écrivain , ils furent tous l'ouvrage de la populace excitée par des malveillans pour rendre odieuse la cause des peuples : et cette indignation dont on parle n'existe que dans le cœur de quelques meneurs, dont la mesquine politique se réduit à faire la guerre aux emplois, par la raison bien simple que, plus le nombre de ceux avec lesquels il faut partager est petit, plus chaque part est grande.

de Riégo, Saint-Michel, qui, transformé en ministre des affaires étrangères, osa insulter, au nom de son Monarque, les grands souverains de l'Europe ? Les capitulations françaises devront-elles les protéger? Le premier viendra-t-il réorganiser les membres épars de sa *communerie*, et le second rétablir ses loges d'iniquité, et y préparer une nouvelle révolution?

EMPRUNTS DES CORTÈS NON RECONNUS.

Il était réservé à l'orgueilleuse pédanterie des philosophes modernes d'ériger en principes de morale publique, et en dogmes fondamentaux de politique, une doctrine fausse, funeste et *anti-sociale*, qui ne fut jamais prêchée par aucun royaliste ou écrivain de droit public, et qui n'a pas non plus été admise ni pratiquée jusqu'à présent en aucune monarchie ou république. Cette grande et nouvelle révélation philosophique se réduit à ce qui suit : « Lorsque, dans un pays, une faction plus ou moins nombreuse, après s'être élevée contre le souverain, et avoir usurpé pour quelques momens le pouvoir, est enfin vaincue et détruite par le gouvernement légitime, ce dernier se trouve dans l'obligation de payer les dettes contractées par les factieux dans le projet de se maintenir dans leur usurpation et de soutenir la tyrannie. » On voit déjà que, seulement en énonçant ce fait en expressions si claires et si positives, il n'est pas un homme de bonne foi, et doué de quelque bon sens, qui ne sente et ne reconnaisse tout ce qu'il y a de ridicule, d'absurde, et de déraisonnable dans une semblable proposition. Aussi les publicistes anciens et modernes, loin d'en faire mention dans leurs ouvrages, ne l'ont pas même discutée, parce qu'ils ne purent penser qu'on pût jamais mettre même en question une semblable erreur. Aussi, à la suite de toutes les guerres et révoltes civiles qui se sont opérées sur la surface de la terre, personne ne pensa jamais à exiger du parti vainqueur, même lorsque ce ne serait pas celui du légitime souverain, le paiement des dettes du parti vaincu ; parce qu'il n'y a qu'un insensé qui puisse prétendre que dans un procès entre deux individus ou deux corporations, la partie qui gagne la cause doive reconnaître et payer les sommes que la partie adverse emprunta pour soutenir le procès. Mais, pour nous en tenir aux gouvernemens, qu'auraient dit les Athéniens, si, lorsque Thrasibule détruisit la tyrannie des trente, et rétablit le gouvernement populaire, les banquiers d'Athènes ou plutôt ceux de Corinthe, s'étaient présentés en public, et avaient parlé à peu près en ces termes :

« Citoyens, vous avez gémi sous le joug de trente tyrans qui vous ont traités comme des esclaves, qui ont banni arbitrairement les hommes les plus vertueux, fait égorger un grand nombre d'autres sans formes judiciaires et par leur seul caprice, qui en ont déporté aux îles quelques centaines, qui ont volé les richesses publiques et particulières, sacrées et profanes. Eh bien ! ces hommes, ne trouvant pas, malgré toutes leurs rapines, assez d'argent pour payer leurs satellites, et conserver le pouvoir usurpé, éurent recours à notre bien en invoquant notre philanthropie. Nous eûmes la générosité de leur prêter cinq cents talens, et maintenant nous vous présentons nos justes prétentions au paiement de cette dette. » Qu'auraient-ils répondu, dis-je, les Athéniens si éclairés et si humains, en entendant d'aussi insolentes prétentions ? Or voilà, mot pour mot, celles des individus qui demandent avec instance que le gouvernement actuel d'Espagne reconnaisse et paye les dettes contractées par la faction révolutionnaire, qui, dans l'espace de trois ans, a tyrannisé ce malheureux pays et retenu en captivité son légitime roi. Mais, dira-t-on, les trente tyrans d'Athènes l'étaient dans toute la rigueur de l'expression, et lesdites cortès espagnoles étaient un gouvernement national qui voulait seulement rétablir les antiques priviléges, réformer les abus, et asservir le roi à une loi fondamentale. 1° Il n'y a pas à tergiverser : ou le gouvernement des cortès, même en lui supposant les meilleures intentions, était légitime, ou bien il ne l'était pas; était-il légitime? en ce cas les Français ont commis un attentat contre le droit des gens, en venant le détruire. Ne l'était-il pas? pour lors ses actes n'avaient point de force, pour lors le roi n'est pas obligé de les reconnaître, pour lors le prétexte de vouloir rétablir la liberté, de corriger les abus, et détruire la prétendue tyrannie, ne suffit pas pour que le gouvernement du roi doive payer les dettes contractées par les cortès pour maintenir la révolution. Autrement le trésor romain aurait aussi été obligé de payer les dettes contractées par Catilina pour lever une armée, et faire la guerre au sénat. On ne peut en douter, Catilina prétextait aussi qu'il se proposait de rétablir l'ancienne constitution, de réformer l'état, et d'arracher aux partisans de l'oligarchie le pouvoir tyrannique dont ils s'étaient emparés. Il aurait été plaisant d'entendre Cicéron, si, après la défaite et la mort de Catilina, les usuriers de Rome étaient accourus vers lui pour lui demander qu'il leur fît payer les sommes énormes prêtées par eux aux conjurés pour ourdir et soutenir leur conjuration, et leur procurer des armes. 2° Après ces faits il est ridicule que MM. les libellistes nous molestent par leur impertinente bouffonnerie, en disant que nos jacobins voulaient uniquement rétablir *les libertés de la patrie*, et améliorer le sort de leur pays. Quelque homme simple put peut-être rêver cette imaginaire régénération sociale; mais tous les autres, ainsi que tous les révolutionnaires de l'univers, n'aspiraient qu'à s'emparer du commandement et des richesses.

Laissons maintenant les Grecs et les Romains, et arrivons à des temps plus modernes. En Angleterre, personne songea-t-il que Jacques II, en remontant sur le trône de ses aïeux, dût payer les sommes que Cromwell demanda, ou put demander pour soulever la nation contre son Roi et conduire ce prince sur l'échafaud? En France, quel être animé a dit ou soutenu que le Roi légitime, après son retour au trône, devait reconnaître, comme dette de l'État, *les assignats et mandats, les promesses* et autres papiers mis en circulation par les gouvernemens révolutionnaires? En Espagne, put-on jamais dire ou croire qu'après la guerre de la succession, Philippe V dût payer les dettes que l'archiduc aurait pu contracter en pays étrangers pour lui disputer la couronne? Et cependant Charles d'Autriche n'était pas véritablement un usurpateur ou un factieux, mais un prince qui défendait des droits litigieux et contestables à certains égards. Dans le même pays, quelqu'un a-t-il fait un crime au roi Ferdinand de n'avoir point reconnu ni payé les emprunts étrangers de Joseph, ses bons hypothécaires, et les autres dettes qu'il laissa non soldées? Ou dira que Joseph était intrus et usurpateur, sans doute; mais les Cortès n'étaient-elles pas intruses, leur autorité n'était-elle pas usurpée? L'unique différence qui existe, consiste en ce que Joseph faisait soutenir son usurpation par les baïonnettes étrangères, tandis que les Cortès acquirent et défendirent leur domination par les baïonnettes espagnoles. Mais cette circonstance, loin d'atténuer la gravité de leur crime, le rend plus odieux et plus impardonnable. Qu'un aventurier envahisse un pays, détrône de fait le souverain légitime, et se mette à sa place avec le secours d'une armée étrangère, c'est ce qui est arrivé et arrivera souvent dans le monde;

mais que des sujets se soulèvent contre leurs Rois, et, sous prétexte de théories philosophiques, usurpent les droits de leurs couronnes, et les tiennent asservis sous le titre burlesque d'inviolables, voilà un crime d'un caractère plus grave.

Ainsi, tous les monarques doivent déclarer solennellement qu'ils ne reconnaîtront jamais les dettes contractées dans l'intérieur, ou hors du pays, par une faction révolutionnaire qui parviendrait à s'emparer du pouvoir par hasard et momentanément. S'ils ne le font pas, qu'ils sachent que leurs trônes seront toujours à la merci des banquiers des autres nations. En effet, ces derniers, s'ils entendent leurs intérêts, doivent employer leurs richesses à ourdir, payer et soutenir des révolutions dans tous les États, parce qu'ils ne peuvent jamais employer leurs fonds avec de plus grands avantages et même plus de sûreté. Je dis avantages, parce que les révolutionnaires, qui ne regrettent pas les gages et comptent sur la bourse d'autrui, leur donneront 80 pour cent de gain. Que cette assertion ne paraisse pas exagérée; c'est à cette perte que les emprunts des cortès se sont négociés; car, si on compte réserves, intérêts, commission et gaspillages, à peine 400 millions ont passé au delà des Pyrénées, tandis que le capital reconnu monte à deux mille et même plus. Je dis sûreté et la plus complète si les révolutionnaires triomphent; pour prouver leur reconnaissance, ils ne manqueront pas d'opprimer le malheureux peuple pour payer leurs créanciers et leurs bienfaiteurs; et s'ils sont vaincus, le gouvernement légitime est aussi également obligé, d'après la nouvelle doctrine, de payer l'argent que ses ennemis demandèrent pour le renverser, quoique, pour le malheur de la sainte philosophie, leur entreprise n'ait pu réussir!

c'est-à-dire, au résumé, que, si l'on donne à quelqu'un le poison que le droguiste vendit à crédit, quoique le premier ait pu vaincre la force du poison et rentrer en convalescence, il doit cependant payer la substance vénéneuse avec laquelle on voulut terminer ses jours, ou, que si l'on blesse un homme d'un poignard non payé, il devra le payer au coutelier, lorsque sa blessure se sera cicatrisée. On voit que dans le monde il ne peut exister une doctrine plus saine, plus sociale et plus utile pour la conservation des monarchies. Tout homme qui ne serait pas philosophe moderne croirait bonnement que, si les banquiers savaient que l'argent prêté par eux aux révolutionnaires ne devait pas leur être remboursé, ils ne leur ouvriraient pas facilement leurs coffres forts; mais, non, voyons déjà que celui qui raisonne ainsi sera un *Acéphale insipide*, et que le moyen le plus efficace pour empêcher qu'on ne prête de l'argent pour conspirer contre les Rois, consiste en ce que les Rois, lorsqu'ils auront heureusement triomphé des conspirations, payent ponctuellement l'argent prêté pour les former et les soutenir. Sans doute, il n'y a rien de plus naturel. Pauvre Phèdre! c'est ainsi que se réalise ta fable de l'homme qui, mordu par un chien, lui jeta le morceau de pain teint de son propre sang; et tu vois combien il a été inutile que tu aies mis dans la bouche d'Esope cette sentence si véritable : *Successus improborum plures allicit*. Nos philosophes en savent beaucoup plus que toi, et ils ont trouvé que le secret infaillible pour que personne ne prête aux factieux, se réduit à bien payer ceux qui leur prêtèrent jadis.

Mais, dit-on, le roi Ferdinand jura librement et spontanément la constitution, et, en conséquence, il est obligé d'observer les traités qui se firent en vertu de cette dernière.

En premier lieu, l'argument qui prouve trop ne prouve rien. Si, parce que le Roi jura la constitution avec une entière liberté (supposons-le pour le moment), il était obligé de reconnaître les emprunts des Cortès, il s'ensuivrait qu'on devrait également confirmer tous les actes de ces gouvernemens, chose que personne n'a soutenue et ne soutiendra jamais. En second lieu, il est manifeste au monde entier que le Roi jura la constitution avec la même liberté que le voyageur remet la bourse au voleur qui la lui demande *avec politesse*, le fusil en joue. Par conséquent, dire que parce qu'il la jura aux douces insinuations des poignards, il est obligé de reconnaître les emprunts, c'est dire en résumé que le voyageur volé n'a pas le droit de réclamer son argent, malgré l'arrestation du voleur. Pourquoi doit-il le réclamer, puisqu'il ne lui appartient plus, puisqu'il le remit si librement?

Mais le roi, ajoute M. de Salvandi, ne mit pas son *veto* aux décrets des cortès qui autorisaient les emprunts, et il le mit à plusieurs autres. Or, par ce fait, il s'obligea à les reconnaître et à les payer. Misérable sophisme! Qui ignore que le roi se refusa à sanctionner deux décrets seulement, parce que les ministres lui permirent de s'y refuser, et qu'ils lui donnèrent cette permission, parce qu'elle était dans leurs intérêts, mais qu'on ne lui permit pas de la refuser à ceux qui concernaient les ordres réguliers, les majorats, et tant d'autres sur lesquels étaient d'accord les courtisans et les ministres? Qui ne sait que parce qu'il montra quelque répugnance à signer celui qui regardait les ordres réguliers, on le menaça d'une émeute déjà préparée, et dont on vit en effet le prélude pour qu'on ne pût douter de la réalité de la promesse? Qui ne sait que le roi a été réellement prisonnier dans l'espace de trois ans, qu'il devait signer au péril de sa vie ce qu'on lui présentait, et qu'il avait pour refuser une sanction, autant de liberté qu'il en avait eu pour jurer le *Code sacré*. Eh bien! si on le sait en France, comme on doit le savoir, comment M. Salvandi ose-t-il nous parler du ridicule épouvantail du *veto*? D'ailleurs il est notoire que les décrets pour les emprunts n'étaient pas sujets à la sanction, et par conséquent le roi ne pouvait guères la refuser, même s'il eût été libre. Il n'était chargé que de les faire exécuter. Quelle ignorance! même des faits matériels.

« Mais, poursuit le même auteur, le Roi a fait usage de
» l'emprunt des cortès pour payer les administrateurs,
» les juges, les serviteurs de sa personne, dont il avait
» laissé trente mois arriérer les traitemens. Il s'en est servi
» pour payer le tissu, jusqu'alors pris à crédit, dont
» sa jeune épouse était vêtue; il s'en est servi pour alimenter,
» durant la rigueur de l'hiver, le feu dont il lui arrriva de
» manquer au temps de sa toute-puissance; il s'en est servi pour
» soudoyer les complots (c'est ainsi qu'on appelle en France les
» généreux efforts des sujets loyaux pour rétablir le trône et
» délivrer leur roi) qui devaient déposer comme autant de té-
» moignages de ses secrètes protestations contre les sermens
» *arrachés* de lui; et son ministère méconnaîtrait des traités
» solennels, sous prétexte qu'il n'était pas libre! » Qu'on re-
marque avant tout l'excellente logique de M. Salvandi. 1° Il
reconnaît que les sermens furent arrachés au roi, c'est-à-
dire obtenus par la force; et cependant il désapprouve et
qualifie de complots les secrets efforts qu'il faisait pour le
recouvrement de sa liberté. 2° Il suppose dans tout son
ouvrage que l'autorité du roi est maintenant absolue et
même despotique, et, comme s'il s'agissait d'un gouvernement constitutionnel, il s'indigne de ce que le ministère ne reconnaît pas les emprunts. 3° Il qualifie ces trai-

tés du titre de solennels, comme si c'étaient des stipula-
tions entre les souverains, tandis qu'ils n'ont été que des spé-
culations de bourse parmi les oppresseurs de la nation et les
agioteurs étrangers. 4° Après avoir reconnu et avoué que
le roi n'était point libre (il ne pouvait guère l'être, puisqu'on
lui avait *arraché* ses sermens), il appelle ensuite *prétexte*,
cette raison concluante, et cette réalité. *Prétexte !* une vérité qu'il a lui-même avancée, et qui, lors même qu'il ne l'a-
vouerait pas, a pour témoin tout l'univers ! Mais mettons
de côté sa logique, et revenons maintenant aux faits allégués.
Il paraît impossible qu'un écrivain ait manqué si grossière-
ment à la vérité sur des sujets où il est si facile de lui démontrer la fausseté de ses assertions. 1° Il est publiquement reconnu que, sous le régime des cortès , ces dernières, et non le
roi, étaient tenues de payer les employés. Or, peu importait
au monarque qu'ils fussent payés ou non , et que ce fût avec
tel ou tel argent, puisqu'il n'était pas le payeur. 2° Il est
reconnu que, dans les six premières années *de sa toute-puissance*, le roi avait dépensé plus de quinze cents millions en
expéditions envoyées ou destinées au delà des mers; que cependant il sut faire face, quoiqu'avec peine, à ses obli-
gations, sans avoir recours aux emprunts étrangers, et
que, si la révolution de 1820 n'avait pas éclaté, le trésor
espagnol aurait insensiblement réparé ses pertes passées.
Il est réconnu que si les cortès eurent besoin d'emprunts
presqu'au moment même de leur réunion, ce ne fut point
pour cause des désordres des six années, mais parce que
leurs décrets absurdes ruinèrent en un jour tout le système
des rentes, et qu'elles se trouvèrent le lendemain, comme
cela devait être, sans un sou pour les dépenses ordinaires. 4°
Il est reconnu que le roi, à l'époque fatale du 7 mars, ne devait pas trente mois de paye à ses domestiques, et que ni

antérieurement ni présentement, ni en aucun temps, il ne leur a dû une quantité si énorme ; ce ne fut que sous la maudite constitution qu'il s'arriéra de vingt-deux mois (1). 5° Il est aussi reconnu que le roi, pendant les six premières an-

---

(1). Parce que la dotation du Roi et des Infans, qui leur était payée avec la plus religieuse exactitude sur le produit de ces emprunts, était la proie des agens qui cherchaient à susciter la guerre civile en Castille, dans la Navarre, dans la Catalogne, etc. Ces mêmes agens étaient chargés de payer et la canaille qui servait d'instrument, et les orateurs populaires qui l'excitaient à mettre le trouble dans Madrid, et dont quelques-uns sont aujourd'hui dans la police et ont des emplois plus ou moins élevés dans toutes les branches de l'administration. Nous nous contenterons de par'er ici d'un seul, le fameux R....., auquel on devrait consacrer un volume au lieu d'une note. Ce personnage, ayant d'abord été condamné à mort pour avoir rédigé, en 1813, un journal dont le titre seul peut donner une idée des doctrines qui y étaient professées (son titre était *le Robespierre espagnol*), fut ensuite employé en qualité d'agent secret pour observer à Paris et à Londres les réfugiés espagnols. En 1820 il retourna à Madrid, et, d'après l'avis d'un des personnages qui sont aujourd'hui à la tête du gouvernement espagnol, il fonda la *communeria*, pour introduire le schisme dans la maçonnerie. Une foule de membres respectables désertèrent alors l'ancienne société pour entrer dans la nouvelle, et l'une et l'autre commencèrent à se faire cette guerre si connue, qu'activèrent de vils démagogues à la suite desquels marchaient une foule d'honnêtes gens qui croyaient ne défendre que la constitution et le trône. Ce fut cette guerre qui produisit la scission scandaleuse des provinces de Murcie et de Séville, et voici comment : elle était sur le point de se terminer, lorsque R....., qui était à la fois maçon et *communero*, se rend à Séville (avec la permission du Roi, qui lui fut accordée contre l'avis du ministre des finances, dans les bureaux duquel il était chef), où il se présente comme émissaire

nées, recevant seulement du trésor, et encore incomplets, les quarante millions qui lui furent assignés par les cortès de Cadix (1) eut bientôt, grâce à son économie et à son

de cette dernière société; il parle au café *del Turco* des trames ourdies par le gouvernement contre la liberté, sème de l'argent, gagne les soldats de la garnison, et l'on n'obéit plus au gouvernement suprême. Si l'on considère maintenant que, pendant que tout cela se passait, le curé Mérino organisait ses bandes dans la Castille, et que l'insurrection commençait à prendre dans la Catalogne un caractère sérieux, on verra si ce plan, auquel on doit attribuer les événemens du 7 juillet 1822, et dont la réussite fut retardée par des causes sur lesquelles l'histoire ne manquera pas de jeter un grand jour, on verra, dis-je, si ce plan avait des ramifications étendues. R....., de retour à Madrid, figura dans toutes les émeutes populaires comme un athlète de la liberté; il suivit le Roi à Séville et à Cadix, et sortit ensuite de cette place pour aller occuper le poste d'intendant militaire dans l'armée du général Ballestéros qu'il joignit à Grenade. Après la capitulation de ce chef, il se rendit au port de Sainte-Marie, et aujourd'hui il est l'un des principaux membres de la *Camarilla*, le confident intime de M. Ugarte : il s'est fait payer de tous les appointemens arriérés qu'il prétendit lui être dus du temps de la constitution, et joue un grand rôle à la cour.

(1) Il fallait que M. Hermosilla nous dît cela pour nous désabuser, car on regardait comme une chose notoire que le trésorier particulier de S. M. demandait et recevait sans cesse de fortes sommes de celui de la nation; et ce n'était pas assurément par le Roi, dont les dépenses personnelles n'ont jamais été très-grandes, qu'elles étaient dissipées, mais bien par chacun des favoris qui étaient chargés de commissions dans lesquelles ils ne rendaient de compte qu'à eux-mêmes : ainsi, par exemple, M. le duc d'Alagon dirigeait les travaux d'un canal où il n'y a jamais eu d'autre

ordre, de quoi payer les vêtemens de son épouse, et le bois pour sa cheminée, et, de plus, dépenser des sommes considérables pour la célébration de ses deux mariages, et pour divers embellissemens de sa Capitale, tels que le Retiro, le Canal, le Casino de la Reine, et les coûteuses constructions commencées sur la place d'orient du palais. Mais même quand il n'en serait pas ainsi, et en admettant ce que les Cortès aient pris sur les emprunts de l'argent pour compléter la dotation de la couronne (ou la liste civile), et que le Roi, avec ses appointemens, ait fait ce qu'on fait ordinairement, c'est-à-dire, les ait employés au payement de ses domestiques, à acheter ses habillemens, sa nourriture, et du bois pour son feu, devra-t-on en inférer qu'il soit tenu de reconnaître et d'approuver, malgré leur illégitimité, tous les moyens dont ses tyrans firent usage pour amasser cet argent? Donc, si, pour l'obtenir, les Cortès avaient saccagé les temples, volé les particuliers et

---

eau que celle nécessaire pour la navigation d'une gondole qui servait aux divertissemens de la famille royale. Il était alloué pour ce canal, en outre de plusieurs autres revenus, un million de réaux par mois sur les fonds du trésor. M. de Monténégro, de son côté, était chargé des ouvrages du *Casino*, qui est une maison située dans un lieu aride, dont la municipalité de Madrid fit don à la reine Isabelle, et dans laquelle on enfouit, par pur plaisir, des sommes énormes payées par le trésor sur des bons dudit sieur Monténégro. Ce même personnage ainsi que M. Vargas, ont été à différentes époques directeurs des travaux du Retiro. Don *Saturnino* l'a été aussi de ceux du Pardo, de la *Moncloa* et de *la Casa del Campo*, et en quelques mois il a dépensé, dans ces établissemens de caprice, plus d'un million de piastres : je parle de l'époque où le Roi épousa doña Isabelle de Portugal.

les corporations, et séquestré les biens des ennemis du système (elles exagèrent plus ou moins ces trois espèces d'attentat, selon qu'il fut en leur pouvoir de le faire), le Roi devrait maintenant reconnaître, confirmer, et autoriser les criminels saccagemens, les rapines publiques, et les injustes séquestres? Excellente morale! saine politique! Eh bien, c'est, en dépit de lui, celle de M. Salvandi. Il faut le dire : avec l'argent trouvé par ces extorsions, on compléta aussi *la liste civile*, et le Roi acheta des vêtemens pour son épouse, et du bois pour se chauffer. Si donc une pareille raison doit lui faire reconnaître comme valables les emprunts, elle doit aussi lui faire autoriser les sacriléges, vols et séquestres dont l'exécution fut ordonnée par les *bienfaisans* libéraux.

AMNISTIE (1).

On accuse le Roi d'Espagne de n'en avoir pas accordé une générale, absolue, généreuse et parfaite; mais les écrivains qui font cette accusation ont oublié, à ce qu'il semble, tout ce qui se passa dans leur pays en 1815. A son retour dans sa capitale, après les cent jours, le Roi de France publia une

---

(1) Pour mieux la juger, il faut comparer celle que donna le sage Louis XVIII avec le décret de proscription rendu en Espagne pour légaliser la persécution, qui ne fut autorisée que le jour où il parut. Il fut suivi de fulminans anathèmes lancés par les divers ministres et par le surintendant général de la police, lesquels remplirent les prisons de victimes ; puis parut un décret d'après lequel tous les francs-maçons, etc., qui ne se dénonceraient point devaient être condamnés à mort ; et on compte en Espagne plus d'un demi-million d'individus qui ont fait partie des sociétés secrètes!

proclamation (à Saint-Cloud, si je ne me trompe), dans laquelle il offrit une amnistie générale; mais cette généralité n'empêcha pas l'incarcération, le jugement et l'exécution militaire de Labédoyère et de Ney, la condamnation à mort d'autres généraux présens ou contumaces, la mise en chapelle (c'est ainsi que nous nous exprimons dans notre langue) de Lavalette, qui se sauva par un tour d'escamoteur qui ne s'est vu qu'en France, l'exil de plusieurs autres personnages (et parmi eux le maréchal Soult), dont plusieurs cependant rentrèrent ensuite dans leur patrie; l'arrestation, la persécution, le procès de milliers d'individus; le bannissement à perpétuité des régicides, parmi lesquels il faut observer que se trouvait le fameux *Fouché* qui venait d'être ministre du Roi et son ambassadeur en Saxe. En un mot, lorsque, plus tard, il fut question de lever l'exil, cette proclamation n'empêcha pas un ministre de prononcer à la Chambre le terrible *jamais*, dont il fut tant parlé dans les feuilles libérales. Et si, à la vue de la réaction sanglante du midi et de l'ouest (elle ne s'étendit pas jusqu'au nord et à l'est, parce que ces contrées étaient occupées par les baïonnettes ennemies), un décret formel d'amnistie fut publié, on n'en priva pas moins de ce bienfait ceux contre lesquels on avait déjà commencé à procéder judiciairement, c'est-à-dire, quelques milliers d'individus, dont plusieurs, à la fin de leur cause, furent guillotinés, d'autres mis au carcan, marqués du sceau fatal, et envoyés aux galères pour dix, quinze, vingt années, et même pour le reste de leurs jours : un petit nombre obtint sa grâce. Voilà des faits qui se sont passés à la face de tout le monde, et je demande comme toujours : le Roi de France agit-il avec ou sans justice ? fut-il cruel ou clément ? Je crois que MM. Duvergier et Salvandi n'insulteront pas à la mémoire du feu Roi, en soutenant que ces actes de sévé-

rité furent, sans aucune nécessité, dictés uniquement par
l'injustice, la barbarie et la soif du sang humain. Et, après
cette supposition, je demande encore : si le Roi de France,
sans être cruel ni sanguinaire, et même après la publication
de l'amnistie, pût laisser en partie la justice satisfaire la vindicte publique; et s'il fût prudent de faire encore une exception par classe dans le décret final, pourquoi n'aura-t-il
pas été permis au Roi d'Espagne de différer encore de quelques mois son décret d'oubli, et d'y faire quelques exceptions
qui peuvent s'appeler nominales, plutôt que par classes, car
les sujets compris sont personnellement connus; exceptions
qui, réunies ensemble, n'égalent pas le nombre des Français déjà mis en jugement lors de la promulgation de l'amnistie? Pourquoi regardera-t-on comme barbarie et férocité,
en Espagne, ce qui en France fut qualifié de prudence et de
douloureuse, mais nécessaire précaution pour l'avenir ? Il y
a plus encore : le décret espagnol, malgré tout ce qu'on en
voudra dire, a été plus généreux que le décret français. Par
ce dernier, on excluait ceux dont le procès était terminé,
c'est-à-dire la presque totalité des détenus; et par le premier, on ordonnait de suspendre l'examen des causes non
jugées. D'ailleurs, en Espagne, dans tout le temps qui a pré-
cédé l'amnistie, et celui qui l'a suivi, on n'a exécuté, pour
délits politiques antérieurs au 1er octobre, que le misérable
Riégo et les assassins de Vinuesa, tandis qu'en France on a,
avant et après cette époque, fusillé et exécuté, pour actes des
cent jours, des centaines d'individus, dont plusieurs très-
marquans, tels que Ney, Labédoyère, les Faucher et autres;
et si alors on avait pu s'emparer de la personne de Savary,
ou de Gilly, ou de Lallemand, ou de Bertrand, ou de Cam-
bronne et son compagnon, leur aurait-on accordé le pardon
qu'ils obtinrent par la suite? De bonne foi, dans lequel des

deux pays l'amnistie a-t-elle été plus généreuse et plus absolue ? Celle des Espagnols souffre quelques exceptions ; mais
pouvait-elle ne pas les admettre ? Veut-on que le Roi reçoive
les bras ouverts, qu'il caresse et comble de récompenses les
coryphées de l'insurrection militaire, les auteurs des tumultes
séditieux des 7 mars 1820 et 19 février 1823, les députés qui
le détrônèrent à Séville, les régens qui le conduisirent prisonnier à Cadix, et tant d'autres criminels de haut rang qu'il
serait inutile de citer ? La clémence du Roi est telle, qu'il
voudrait bien pouvoir les comprendre dans l'indult ; mais
la majesté du trône, la vindicte publique, le cri général, et
l'offense faite à un tiers, ne le lui permettent pas, et la politique désapprouve cette mesure. La saine politique veut
qu'après les discordes civiles on publie des amnisties ; mais
ces dernières ne doivent comprendre que la multitude séduite, et non les principales têtes d'un soulèvement, les coryphées de la rebellion, les assassins et les voleurs. Ainsi, en
France, le gouvernement se conduisit sagement en général,
dans ce qui eut lieu judiciairement, et moi je n'accuse, je ne
blâme pas le bon Louis, qui se vit dans la triste nécessité de
venger les injures faites à la dignité royale : ceux qui accusent et blâment le Roi d'Espagne, accusent et blâment en
même temps leur propre Souverain, et ces Messieurs sont
Duvergier et Salvandi.

VOLONTAIRES ROYALISTES.

Nous avons déjà indiqué un fait incontestable, c'est que,
dans le temps où les Français marchaient vers l'Andalousie,
laissant trop peu de garnisons, parce qu'il ne pouvait en être
autrement, l'indignation publique se déchaîna dans plusieurs
endroits qu'ils n'occupèrent point, et quelques excès furent

commis. La régence le vit avec douleur ; mais, sans avoir des troupes réglées à sa disposition (car ceux qu'on nomme maintenant soldats de la Foi par dérision, servaient, pour ainsi dire, d'escortes, et facilitaient le passage à l'armée française), elle se vit dans la nécessité d'armer, dans toutes les villes et les villages, quelques habitans honnêtes pour maintenir l'ordre ; et comme personne ne confia jamais au loup la garde de ses brebis, il est certain qu'elle ne mit pas les armes entre les mains de ceux qui s'étaient montrés chauds partisans des idées et des doctrines révolutionnaires, mais bien entre les mains de ceux qui, même sous l'oppression constitutionnelle, avaient donné des preuves de leur amour pour le Roi, et de leur adhésion à la juste cause de la légitimité. Mais, ne voulant pas les obliger par la force à faire un service aussi important, elle n'admit que ceux qui s'offrirent volontairement, décidés à supporter les fatigues et à courir les dangers qu'entraînait avec elle une commission aussi honorable que pénible et périlleuse. Cette mesure parut si utile, si prudente et si nécessaire, que les généraux français eux-mêmes poursuivirent avec ardeur l'armement de ces royalistes, nommés maintenant prolétaires, quoique parmi eux on en compte plusieurs milliers qui possèdent des richesses considérables et de nombreuses propriétés. Les généraux français ne se bornèrent pas à applaudir à la détermination de la régence ; ils fournirent même une grande partie des fusils, en destinant à un objet si louable quelques milliers de ceux que les bandes tremblantes des révolutionnaires livraient ou abandonnaient dans leur fuite. Le général Guilleminot lui-même fit présent de quatre mille fusils aux prolétaires de Madrid. Telle est l'origine des volontaires royalistes. Et que peut-on blâmer dans cette institution ? Ne désarma-t-on pas en France l'ancienne garde nationale, pour en réorganiser une nouvelle, composée seulement des citoyens qui inspiraient de la confiance? Quel est notre malheur! ce qui est bon et utile lorsqu'on l'exécute au delà des Pyrénées, devient mauvais et funeste, comme je l'ai remarqué, s'il passe en deçà de ces montagnes.

Que parmi les volontaires nommés royalistes il s'en soit introduit plusieurs qui ne l'étaient pas de cœur, que ces derniers se soient plu à commettre des excès pour jeter de l'odieux sur la cause qu'ils paraissaient défendre, que d'autres, même attachés réellement au royalisme se soient laissés emporter par un zèle indiscret, qu'ils aient dépassé les bornes de la modération, et que les tristes circonstances où nous nous sommes trouvés, nous aient forcés d'admettre dans les rangs des volontaires quelques centaines de simples artisans, et d'humbles laboureurs, ce sont des maux de peu d'importance, connus et regrettés du gouvernement bien plus que des libellistes de Paris; des maux qui ont déjà cessé pour la plupart, et qui bientôt seront entièrement effacés, sans qu'il en reste la moindre trace, le plus léger souvenir. Que l'excessive vivacité des Français souffre quelques délais; *on ne s'empara pas de Zamora dans une heure;* et, malgré toute leur vivacité, ils ne purent eux-mêmes cicatriser en un jour les plaies ouvertes par leur fatale révolution.

CARACTÈRE PERSONNEL DU ROI.

La plume se refuse à retracer l'affreux portrait que M. Salvandi a présenté d'un auguste souverain qui est le neveu du sien, et, lors même qu'elle ne s'y refuserait pas, le respect dû à la majesté royale, et le sentiment des convenances, ne permettraient pas de reproduire dans notre langue les horreurs qui se trouvent dans le libelle français.

Ainsi je dirai seulement que le portrait de Tibère, dessiné

par Tacite, n'offre pas de couleurs aussi noires que l'abomina-
ble peinture dans laquelle Salvandi trace le caractère personnel du roi d'Espagne, et que si, à Londres ou à Philadel-
phie, les auteurs du *Zurriago* (1) se fussent proposé de le
calomnier, ils n'auraient pas porté des accusations aussi odieu-
ses et aussi fausses que le libelliste l'a fait à Paris et sous les
yeux du Roi. On dira que la liberté de la presse, où elle existe,
autorise ces *innocens épanchemens* de certaines vanités hu-
miliées : à la bonne heure ; mais qu'il nous soit permis d'observer que si cette liberté de la presse tant vantée autorise et
veut qu'on laisse impunis de tels excès, ils ont raison ceux
qui disent qu'elle est, à l'égard de tous les rois, quelque lé-
gitimes qu'ils soient, leur ennemi le plus redoutable. Il n'y
a pas à en douter : *un monarque avili est un roi détrôné :* ces
paroles sont d'un Français. Ainsi donc, si la prétendue liberté
de la presse permet de les avilir, c'est elle qui les précipite de
leurs trônes et qui entraîne leur perte. Ah ! cela n'est que trop
certain, et nous n'en avons eu que trop d'exemples ! Ce ne furent ni les conventionnels, ni les juges du tribunal révolutionnaire, ni le cordonnier Simon, ni les geôliers du Temple
ou de la Conciergerie, qui causèrent le malheur de Louis XVI,
de son innocente épouse, de sa vertueuse sœur, du jeune Dauphin, et firent endurer de barbares traitemens à l'angélique
duchesse d'Angoulême. En effet, qu'auraient pu faire des
misérables qui, quelque temps auparavant, tremblaient devant le trône et se courbaient devant le Monarque d'une manière plus vile encore que ne le font les Perses, si à l'avance on
n'eût corrompu, perverti, égaré l'opinion ? Et comment l'éga-

---

(1) M. R..... était un de ses collaborateurs, et cependant il
est aujourd'hui *camarillero,* ainsi que nous l'avons déjà observé
à la page 65.

ra-t-on? par les pamphlets incendiaires des écrivains du temps, pamphlets dans lesquels on calomniait, injuriait et avilissait le roi et toute la famille royale. Que les souverains du monde sachent donc que les mêmes causes sont toujours suivies des mêmes effets, et que par conséquent si, sous prétexte de la liberté de la presse, on permet et on tolère que les *écrivassiers* calomnient et dénigrent les souverains étrangers, cela équivaut à permettre que leurs sujets les détrônent (1).

Quoi qu'il en soit, revenant au portrait de Salvandi, il me serait facile de prouver, si la modestie de Ferdinand VII le permettait, que, depuis saint Ferdinand, le trône espagnol n'a jamais été occupé par un Monarque doué de meilleures qualités, plus capable de faire le bonheur de ses peuples, et que si les effets n'ont pas toujours répondu à ses bienfaisantes intentions, c'est parce qu'il a pris les rênes du gouvernement dans des temps plus calamiteux qu'ils ne l'ont été durant la monarchie des Goths. Qu'on se rappelle l'état où se trouvait la nation espagnole lorsque le Roi prit la conduite des affaires en mars 1808, et que peu de jours après il fut arraché de sa résidence, transféré à Bayonne, et confiné dans une véritable prison, sous le titre de palais.

---

(1) Il n'est pas étonnant que l'homme vendu à MM. les éteignoirs des *lumières* ait cherché ce déplorable événement, pour attaquer par de vaines déclamations le plus sacré, le plus utile des droits de l'homme, en assurant qu'il occasiona les tristes catastrophes dont il fait mention. Ses raisonnemens pour prouver les préjudices qu'entraîne la liberté de la presse, qu'il regarde comme l'ennemie des rois, sont les plus faux qu'on puisse avancer. Pour les réfuter et les détruire, on peut citer les exemples d'un grand nombre d'états où la liberté de la presse n'était point établie, et où cependant des princes ont été détrônés, décapités et assassinés.

Qu'on se rappelle qu'il demeura captif dans ce lieu les six premières années de son règne, époque pendant laquelle il aurait pu remédier aux maux invétérés, et s'instruire dans l'art difficile de régner. Qu'on se rappelle que, pendant ces six années, l'Espagne fut le théâtre de la guerre la plus sanglante et la plus déplorable qu'elle ait jamais eu à soutenir en aucun siècle. Qu'on se rappelle que, lorsque par une espèce de miracle dont il était redevable à la loyauté de ses sujets, Ferdinand mit de nouveau le pied sur le territoire espagnol, il ne trouva de toutes parts que le deuil, les larmes, le sang, la misère, la désolation et la ruine, et qu'au lieu de voir son royaume tranquille, soumis, et florissant, il vit la populace déchaînée et presque entièrement corrompue, les maximes révolutionnaires répandues et publiées impunément, une assemblée populaire qui s'arrogeait les droits de la couronne et usurpait la souveraine autorité, le frein de l'obéissance rompu, la religion ouvertement outragée, le trésor épuisé, les ressources taries, et, pour comble d'infortune, presque toutes les colonies perdues ou soulevées.

Qu'on se rappelle que, lorsque ces maux étaient presque entièrement réparés, lorsque le peuple avait repris ses anciennes coutumes, et la religion ses droits ; lorsque la nouvelle Espagne était pacifiée, le Pérou tranquille, les Colombiens punis et effrayés ; lorsque, dans les environs de Cadix, on venait de réunir la plus brillante et la plus puissante expédition qui fût jamais sortie des ports de l'Espagne, et qui, en peu de mois, aurait étouffé l'insurrection américaine ; et lorsque, pour subvenir aux dépenses exigées par ces immenses armemens et par les besoins de la Péninsule, on n'avait ni créé de nouveaux papiers, ni recouru aux emprunts étrangers (1), ni augmenté la dette publique, une insurrection

______

(1) Pourquoi se serait-on donné cette peine, lorsqu'il fut plus

militaire détruisit en une heure l'ouvrage de six ans, détacha les liens de la société, amena le règne de l'anarchie, et causa des maux terribles que l'on ne pourra ni réparer ni oublier de long-temps. Qu'on se rappelle enfin les efforts qu'il en a coûté pour vaincre la rébellion, et la situation de la Péninsule lors de la sortie du Roi de Cadix ; et que l'on dise de bonne foi si, même en reconnaissant quelques erreurs commises dans les six premières années, et celle qui s'est écoulée depuis la restauration, ces fautes n'ont pas été excusables, ou plutôt s'il n'a pas été impossible de ne pas les commettre. Qu'on dise également si Charles Ier, Philippe II et Philippe V, Ferdinand VI et même Charles III, dans la position triste, difficile, nouvelle et épineuse, où s'est trouvé le petit-fils de ce dernier depuis qu'il ceignit le diadème, auraient été à l'abri des traits de la censure, quel que fût le parti qu'ils auraient pris dans des circonstances si pénibles et si extraordinaires. Il est facile de juger les Rois, mais il n'est pas facile de les juger avec équité. Que quelqu'un se mette à la place de Ferdinand VII, et qu'il dise ensuite s'il aurait lui-même agi autrement, en se trouvant toutefois avec les mêmes personnes, dans les mêmes lieux, et à la même époque (1). Que les détracteurs de son caractère per-

---

simple pour le gouvernement de s'emparer de la propriété d'autrui, c'est-à-dire des millions que la France donna à titre d'indemnité, pour dédommager les particuliers ruinés dans la guerre de Napoléon ? Car ces fonds furent entièrement épuisés dans *l'heureuse* expédition de Morillo à Vénézuela, dans l'achat de *la puissante* escadre russe ; et le tiers seulement était employé pour effectuer l'entreprise chimérique de l'expédition au Rio de la Plata, inutilisée par le soulèvement de l'armée destinée à cette invasion.

(1) S. M. Louis XVIII, à la restauration, se trouva dans des circonstances beaucoup plus épineuses que celles où Ferdinand VII

sonnel s'approchent de son trône, et ils resteront confondus. Oui : ils y trouveront, au lieu de ce monstre imaginé par leur

---

peut s'être trouvé à sa rentrée dans son royaume; mais on peut juger de ce que peut l'homme de génie, par la situation actuelle des deux pays. Le gouvernement de Joseph et celui des Cortès avaient cependant opéré en Espagne toutes les réformes désirables, et l'on pouvait en profiter sans avoir à en supporter l'odieux. Que l'on eût anéanti la constitution, à la bonne heure; mais pourquoi emprisonner et envoyer aux galères de braves généraux et d'ardens patriotes qui, après avoir sacrifié leurs biens et répandu leur sang dans la guerre de l'indépendance, auraient péri dans les cachots si la révolution de 1820 ne les en eût tirés? Pourquoi ne pas réunir les deux seuls partis qui existaient alors, en publiant une amnistie pour tous ceux qui embrassèrent le parti du roi Joseph, et dont la plupart avaient été entraînés par l'exemple de ceux qui obéirent aux ordres du Souverain, par lesquels il était enjoint de se soumettre à Napoléon et de calmer l'effervescence populaire? Pourquoi, dans l'espace de six années, ne pas accomplir les promesses faites par le décret du 4 mai, de donner au peuple espagnol les institutions dont il avait besoin? Pourquoi?....... Mais n'accumulons pas davantage les charges contre les auteurs de tant de maux; disons simplement que la malheureuse étoile de S. M. a voulu que l'on ne profitât pas du moment où l'on pouvait, sans peine, faire renaître le bonheur et la prospérité en Espagne, et l'empêcher de tomber dans cet état de dégradation et d'impuissance auquel elle est réduite; disons que cette même étoile a voulu que le Roi se trouvât sans cesse entouré d'hommes ambitieux, jaloux et vindicatifs, qui se sont emparés de sa confiance, et qui, abusant de sa bonté, n'ont employé leur influence qu'à éloigner de lui les hommes les plus respectables. Pour preuve incontestable de ce que j'avance ici, je n'aurais qu'à produire la longue liste des personnes recommandables par leurs

malignité, un prince plein de capacité, ami du travail, occupé du soin des affaires, infatigable, vertueux, également juste à l'égard de tous ses sujets, humain, bienfaisant, clément et doué d'un cœur sensible; un prince qui veut savoir la vérité, même lorsqu'elle doit lui déplaire, qui donne un libre accès auprès de sa personne, même au dernier de ses vassaux, qui écoute leurs plaintes et essuie leurs larmes, lorsque la justice le permet; en un mot, un prince qui n'aspire qu'à s'attirer l'amour de ses peuples et à contribuer de tout son pouvoir à leur bonheur; et s'il n'atteint pas toujours à ce but, c'est parce que la fatalité des circonstances l'a empêché d'y parvenir, et que souvent ses vœux ne sont point remplis par les personnes chargées d'exécuter sa volonté souveraine. Mais quel monarque ne s'est pas trouvé, et ne se trouve pas souvent dans le même cas?

CAMARILLA (1).

Voici une des nombreuses calomnies répandues en pays étrangers contre le Monarque espagnol, contre Ferdinand

---

talens et leurs vertus, qui, ayant approché le Monarque en qualité de ministres, de serviteurs fidèles, ou de précepteurs, n'ont pu se soutenir auprès de lui au-delà de quatre mois, sans être proscrites ou exilées, éloignées enfin avec plus ou moins de bruit. Mais pour les citer tous, ainsi que les ministres et les favoris obscurs qui, pendant plus ou moins de temps, ont eu la toute-puissance depuis que S. M. est rentrée dans ses états, il faudrait un volume bien autrement étendu que celui que M. Hermosilla a écrit contre sa conscience et sa raison : pourtant une telle liste serait la meilleure réfutation de ce qu'il a pu dire.

(1) Petite Chambre.

VII de Bourbon, prince qui devait inspirer une juste compassion, mais dont les Jacobins de tous les pays ont fait
(et nous n'en ignorons pas la cause) l'objet de leurs satires
et de leurs censures. Ce qu'il y a de plaisant, c'est que,
tout en parlant de la Camarilla, ils ignorent et ne peuvent
dire quelle est la nature de cet *esprit follet*, objet de leurs
sarcasmes. Or, il faudra que je leur explique la signification
de ce mot, et la cause pour laquelle la chose la plus innocente
du monde a donné lieu à une horrible calomnie.

Il y a dans le palais, près de la chambre du Roi, une pièce
moins vaste, et que les domestiques ont coutume d'appeler, par la même raison, *la Camarilla*, pièce où le Roi
actuel, à son retour dans son royaume après sa première
captivité en 1814, allait quelquefois pour se promener et
se distraire, et parlait à ses domestiques qui étaient de
service; et comme, parmi eux, il s'en trouvait plusieurs
qui l'avaient servi depuis son enfance, ou l'avaient ac-
compagné et consolé dans sa prison de Valencey, S. M.
leur parlait avec une certaine affabilité naturelle à la bonté
de son cœur reconnaissant; et cette innocente familiarité
servit de prétexte aux mécontens pour répandre le bruit
calomnieux que le Roi consultait, pour les affaires de
l'Etat, les domestiques de la Camarilla. Ce bruit était faux,
plus que faux; et cependant le Roi apprit à peine les calomnies inventées par la médisance, qu'aussitôt il se priva
de ce court et innocent plaisir, et éloigna même de sa
personne quelques domestiques que l'on prétendait surtout
être dans sa faveur. Ceci arriva avant 1820, et, depuis
lors, il ne s'est pas même permis, soit dans la grande
Camara, soit dans la Camarilla, soit en tout autre lieu,
ces familiarités que tous les Monarques du monde se permettent avec leurs domestiques dans l'intérieur du palais.

Voilà à quoi se réduit le grand fantôme de la Camarilla, et il n'existe et n'a jamais existé autre chose (1).

____

(1) Maintenant que l'auteur a terminé sa description de la petite chambre, complétons-la en rapportant ce que son ignorance sans doute sur cette matière l'a empêché de dire sur cette source de tous les maux de l'Espagne. On donna en effet à ce conseil privé du Roi le nom de *Camarilla*, pour faire allusion à la disposition du lieu dans lequel S. M. se rendait pour écouter tout ce que ses domestiques et leurs amis, introduits à l'aide de quelque prétexte, voulaient lui dire, son caractère plein de bonté la rendant accessible à toute classe de personnes. Là le Roi prêtait une bienveillante oreille aux discours de chacun, et se consultait ensuite dans son appartement avec deux ou trois domestiques dans lesquels il a la plus grande confiance, et qui sont ceux qui écrivent les décrets que S. M. copie ensuite fidèlement. Mais cette aveugle confiance du prince, qu'a-t-elle produit ? Qu'il n'y a aucune mesure salutaire adoptée par de zélés ministres, qui n'ait été révoquée par l'influence de quelque obscur individu auquel elle portait préjudice, ou dont on avait acheté la promesse de la faire repousser. Les archives des divers ministères renferment d'innombrables témoignages de ce désordre, qui amena par degrés la réaction de 1820. Puisque M. Hermosilla ignore ou feint d'ignorer ce que bien des personnes savent, qu'il entre au ministère des finances, et qu'il demande le projet du système de finances de Garay, que tous les hommes virent adopter avec enthousiasme; il verra que ce système fut renversé, ainsi que le ministre son auteur, par un décret transcrit en entier de la main du Roi, et dressé par un obscur notaire de la Corogne, nommé Villar Frontin, qui, en récompense d'avoir porté un tel coup à la prospérité nationale, obtint la direction de toutes les commanderies des Infans; il verra que le plan de l'ignare Moran fut substitué à celui de Garay. En poursuivant ses recherches, il arrivera

FAVORIS.

Nouvelle calomnie. Le roi Ferdinand n'en eut point,

---

au procès de Longa, accusé de dilapidations par le consulat de Bilbao, et il trouvera deux feuilles de papier écrites également de la main du Roi, pour absoudre ce personnage : et, ce qu'il y a de plus particulier, c'est que le document qui fut copié par le Roi, et que lui présentèrent Vargas et Ramirez, qui étaient alors ses secrétaires de *Camarilla*, venait de la maison même de Longa, où il avait été rédigé par ce même Vargas. Nous n'entrerons pas dans de plus grands détails sur cette scandaleuse affaire, qui, au reste, est connue de tout le commerce de Bilbao, et que la postérité n'ignorera pas. Si cela ne suffit point à M. Hermosilla, qu'il passe à d'autres ministères, qu'il visite les bureaux les plus subalternes, et partout il trouvera de fatales preuves qui révèlent l'abus que les *Camarilleros* ont fait de la confiance du Souverain dans les décrets qu'ils lui ont inspirés : qu'il les lise avec attention ; leur rédaction et leur contenu le convaincront que si le Monarque n'eût été guidé que par ses propres sentimens, on y trouverait plus de traits de la générosité et de la clémence royale. Disons enfin, pour que personne ne l'ignore, que la *Camarilla* n'est pas un corps permanent, comme quelques personnes se le sont figuré ; c'est un conseil qui varie chaque jour et à chaque instant, et que des grands, des nobles et des plébéiens composent tour à tour. Ses membres peuvent se diviser en internes et en externes : les premiers sont les individus que le Roi choisit parmi les domestiques de sa chambre et celle des Infans, ou parmi les employés subalternes du palais. Quant aux seconds, il suffit de se présenter en annonçant qu'on a des communications importantes à faire...... Parmi ces membres, on voit figurer aujourd'hui MM. le comte de Villapun, le marquis de Montehermoso, Corpas, Alvarez de Toledo,

n'en a pas, et n'en aura jamais (1). Il sait distinguer, honorer et apprécier, comme de juste, les personnes qui, au péril de leurs jours, lui rendirent de grands et d'importans services pendant sa détention à Valencey, dans les six années suivantes et dans les trois années de sa captivité constitutionnelle ; mais personne ne lui dicte des lois, et personne n'a sur lui assez d'influence et de pouvoir pour lui faire décréter une chose qui ne lui semblerait pas juste. Cette réponse doit suffire : s'étendre sur des faits personnels, ce serait offenser la majesté du trône.

JUNTE APOSTOLIQUE.

Il n'y en a pas : c'est un autre fantôme (2), au moyen

Chaperon, Nunès, etc., etc., etc. Les *Camarilleros* jouissent de grandes prérogatives ; cependant elles ne les mettent pas à l'abri de toutes les tempêtes, comme l'expérience le fit voir à l'égard de M. Vallejo, qui fut ministre des finances dans le cours des six premières années qui suivirent le retour de Ferdinand, et qui fut condamné aux galères ; l'ordre royal rendu alors exprimait que c'était *pour avoir fait de faux rapports au Roi*. On prétend que, dans cette circonstance, la bonté du Roi en vint au point de le faire prévenir secrètement de se rendre en Portugal, ce qu'il fit en effet.

Les ministres Lozano, Vallejo, Moso, Rosales, Alos, etc., sont sortis de la *Camarilla* : il en est également sorti beaucoup d'évêques. Ses membres occupaient en grande partie les emplois subalternes quand la constitution fut publiée.

(1) Pour se convaincre de la vérité de ces assertions, qu'on lise la note précédente.

(2) Fantôme ! oui, de même que pour les *communeros*, maçons et autres sociétés secrètes. Plût à Dieu que cette junte n'eût jamais existé ! la marche du gouvernement n'aurait pas été en-

duquel on veut tromper les imprudens : mais il faut remarquer que ce que les libellistes appellent en Espagne junte apostolique, n'est autre chose que ce que les libéraux de France appelaient dernièrement encore *Pavillon Marsan*, c'est-à-dire junte de fanatiques ultrà qui conduisait et dirigeait en secret toutes les opérations du gouvernement, déposait et nommait les ministres, et travaillait sans cesse et avec la plus grande ardeur au rétablissement de l'ancien régime. Le caractère sacré des personnages que l'on supposait être présidens et directeurs du *Pavillon*, ne me permet pas de traiter en détail cet odieux sujet : je me bornerai à dire qu'aussi gratuitement que l'on calomniait en France le prétendu *Pavillon*, aussi faussement on suppose l'existence en Espagne d'une junte ecclésiastique directrice des affaires. Ce qui existe en Espagne, et je veux le révéler aux libellistes qui l'ignorent, c'est une espèce d'intrigans ambitieux qui voudraient diriger les affaires à leur manière, et qui, ne pouvant y parvenir, deviennent furieux, s'agitent en secret, et cherchent à exciter les esprits. Mais le gouvernement les connaît ; il sait quelles sont leurs vues ; il n'ignore pas les misérables artifices qu'ils mettent en œuvre pour réaliser leurs projets, et, par la même raison, il se rit de leurs impuissans efforts.

DIVISION DE PARTIS.

Elle n'existe pas (1) en Espagne, où une population

---

travée comme elle l'a été, et on n'aurait pas vu se commettre tant d'excès.

(1) Il serait bien à souhaiter qu'il en fût comme l'affirme M. Hermosilla. Cependant les tentatives qui se réitérèrent de 1814 à 1820, parmi lesquelles on peut citer celles des généraux

de dix à onze millions d'habitans veut être gouvernée paternellement comme aux jours heureux de Ferdinand VI et de Charles III, et abhorre toutes ces innovations qui, depuis la révolution française, ont bouleversé le monde et fait couler des flots de sang. Mais il y aussi en Espagne, grâce au philosophisme moderne, un certain nombre de jacobins, peut-être s'élèvent-ils jusqu'à mille, qui, exaltés par la lecture de quelques mauvais livres français, et pervertis par leurs doctrines anti sociales et anti-religieuses, voudraient voir la ruine de tous les trônes et l'anéantissement de tous les autels de l'univers : il s'y trouve en outre environ quatre mille individus qui, sous le titre de modérés, répètent, dans leur illusion, sans en entendre le véritable sens, les mots magiques de constitution, division de pouvoirs, responsabilité ministérielle, garanties sociales, liberté de la presse, jugemens par jurés, et autres prestiges du charlatanisme révolutionnaire ; il y a enfin une bien petite partie du bas peuple qui, comme partout ailleurs, ne cherche que le désordre pour pouvoir vivre sans travailler. Voilà la véritable situation politique de l'Espagne à l'égard de ceux que l'on honore si gratuitement du titre de partis. Voyons maintenant comme nous sommes connus de MM. les libellistes de Paris.

Mina en Navarre, Odonojou à Madrid, Marquesito en Galice, et Lacy en Catalogne, et les commotions qui eurent lieu dans diverses provinces, lorsque déjà Riégo avait échoué dans son entreprise, peuvent bien être comptées pour quelque chose, ainsi que les trois années d'existence du gouvernement constitutionnel, lequel ne fut anéanti que lorsque les armées françaises furent maîtresses de la péninsule ; et sans leur secours je crois fort, quoi qu'en dise M. Hermosilla, qu'il débiterait encore aujourd'hui ses doctrines constitutionnelles dans le *Censor*.

« En Espagne, dit M. Duvergier, la réforme politique a
» pour partisans la majorité de la noblesse, et même beau-
» coup de grands d'Espagne, les hommes de lettres, toute la
» classe moyenne et la partie de la population des villes la
» plus immédiatement liée avec la bourgeoisie. Elle a pour
» ennemis le clergé séculier, surtout les *frayles*, les prolétai-
» res des campagnes (*nous verrons ce qu'à ce sujet dira après*
» *M. Salvandi*) les moines et la populace des villes, encore plus
» ignorante, plus abrutie que ne l'était la populace française
» (*au commencement de la révolution de* 1789), et joignant
» à ses vices un fanatisme stupide qui la rend l'instrument des
» moines (il faut observer que de ceux-ci il avait déjà séparé
» les *frayles*) les plus dégénérés de leur institution primitive,
» les plus immoraux qui aient jamais existé. » Traduire ce
passage, c'est le réfuter, parce qu'il n'y a pas un seul Espagnol, même parmi les révolutionnaires, qui, à sa lecture,
n'éclate de rire. En effet, Argüelles lui-même, s'il voulait dire
la vérité, avouerait que, parmi les partisans de la constitution de Cadix (car ce sont eux que M. Duvergier appelle partisans de la réforme politique), on peut seulement comprendre
deux ou trois grands d'Espagne (1), et deux ou trois ne forment

---

(1) M. Duvergier dit la vérité, et M. Hermosilla dit ce qu'il
sait ne pas être, uniquement pour remplir la tâche qui lui a été
imposée. En Espagne les partisans, non pas de la constitution de
Cadix, mais d'un système constitutionnel représentatif, se composent de toutes les classes dont parle le premier; et, puisque le
second réduit à deux ou trois les grands d'Espagne qui ont mani-
festé de l'attachement pour les institutions constitutionnelles,
nous nous bornerons, pour toute réponse, à citer quelques-
uns de ceux qui, pour ce fait, sont obligés d'errer dans les

pas *un grand nombre*, une dix millième partie de la noblesse
de second ordre, quelques pédans qui se donnent, fort mal-

---

provinces ou dans l'étranger. Tels sont MM. les ducs de San
Lorenzo, de Frias, de Gor, del Parque, de Sastago, de Santa
Cruz, de Rivas, de Alba, etc.; les marquis de Cerralbo, de
Alcanices, de Villafranca, de Abrantes, de Santiago, de Cas-
teldurrius etc.; les comtes de Altamira, de Montijo, de Santa
Coloma, de Onate, de Benalua, de Humana, prince Pio et d'An-
glona, etc., etc., etc. Voici les noms que ma mémoire m'offre
pour le moment, mais ils suffisent pour prouver que la majeure
partie et l'élite de la grandesse d'Espagne se prononça en faveur
de la constitution, qu'elle regarda comme un grand achemine-
ment vers l'établissement d'un système représentatif, comme le
seul moyen de tirer ce pays de l'état d'abattement dans lequel il
se trouve. Que l'on ajoute aux noms déjà cités ceux de tous les
grands qui, réunis en corps, supplièrent S. A. R. le duc d'Angoulême de vouloir bien intercéder auprès du Monarque pour
qu'il donnât à son peuple une constitution; que l'on mette sur la
même liste les fils des grands dont nous venons de parler, lesquels
prirent parti dans la milice nationale lorsque leurs pères ne le
purent faire, soit à cause de leur âge, soit à cause de leurs
occupations, et à peine en restera-t-il assez à M. Hermosilla
pour former le nombre que, par grâce, il dit être attaché
aux réformes. Disons-le à l'honneur de la noblesse espagnole:
dans cette occasion elle a donné des preuves de ses lumières,
en regardant les prérogatives avec une juste indifférence. La
plus grande partie des personnes titrées et de la noblesse donnèrent l'exemple en s'enrôlant dans la milice nationale; elles for-
mèrent les cadres de ces corps respectables, qui s'habillèrent et
s'armèrent à leurs frais. Que l'on compare cet enthousiasme avec
celui que l'on manifeste pour l'organisation des volontaires royalistes, qui, comme le dit M. Hermosilla, se composent de jour-

à-propos, le nom d'hommes de lettres, et un très-petit nombre de commerçans, propriétaires et artisans à leur aise (1) ; que la révolution de 1820 n'eut en sa faveur que la soldatesque gagnée, une partie de la populace séduite par de magnifiques promesses, quelques jeunes gens sans expérience, et le petit nombre d'hommes immoraux et corrompus qui par malheur, faisaient partie du clergé séculier et régulier (2) , immoralité et corruption dont on est redevable aux funestes doctrines du philosophisme français, à la licence et au relâchement que la guerre de l'indépendance rendit inévitables. Il pourrait prétendre tout au plus que plusieurs hommes de bonne foi, ecclésiastiques et séculiers, se laissèrent d'abord fasciner par les avantages apparens du régime constitutionnel; mais il devrait ajouter qu'ils se détrompèrent bientôt et reconnurent leur erreur.

« Mais on peut dire en quelque sorte (*c'est M. Salvandi*
» *qui l'assure*) que deux nations, diverses de sentimens, d'opi-
» nions, de volontés, sont en présence sur le vieux sol des
» Carthaginois et des Ibères, des Goths et des Sarrasins

---

naliers que les municipalités ont été forcées d'armer et d'équiper, et que le lecteur se figure ce que l'on peut espérer de ces cosaques armés.

(1) La majorité prononcée.

(2) On pourra juger de la moralité des membres du clergé qui prirent parti pour la constitution, ainsi que de ceux qui agirent en sens contraire, par la manière dont ils se servirent de leur ministère. Les premiers prêchèrent l'obéissance au gouvernement constitué, les seconds fomentèrent la rebellion et teignirent leurs mains du sang des soldats qui s'étaient dispersés ou qui avaient mis bas les armes. C'est ainsi qu'ils se conformaient aux préceptes de notre sainte religion.

» (*quelle exactitude dans l'ordre chronologique!*). L'une, *bar-*
» *bare*, *stationnaire*, *fataliste*, professe un respect asiatique
» pour l'œuvre du temps, qu'elle appelle l'œuvre de Dieu
» (*peut-être n'est-il pas un seul Espagnol qui l'ait appelée*
» *ainsi*); l'autre, associée aux lumière de *notre* Europe, avide
» de savoir, impatiente de la longue décadence et de l'igno-
» rance populaire de son pays, *ne respire* que changement.
» Pour celle-ci, depuis long-temps, il n'y avait plus de Pyré-
» nées. On dirait que, pour celle-là il n'y a point de détroit de
» Gibraltar. » Fort bien; mais toutes ces grandes phrases, ou
ne disent rien, ou contiennent une insignifiante généralité,
applicable à toutes les nations civilisées. En effet, elles se composent toutes nécessairement de deux classes de personnes,
les unes sages et éclairées, les autres ignorantes et grossiè-
res; et ce qui établit la différence entre deux peuples, c'est
la proportion relative de ces deux parties, disséminées dans
toutes les classes de l'Etat. Ainsi non-seulement en Espagne,
mais encore en Italie, en Allemagne, en Russie, en Suède,
en Angleterre et même en France, il y a des ecclésiastiques
éclairés et judicieux, et d'autres ignorans et fanatiques; il y
a des militaires, des propriétaires, des commerçans et des
artisans, instruits et polis, et d'autres sots, grossiers et bru-
taux : et ce qui peut uniquement donner quelque supériorité
aux autres nations sur l'Espagne, c'est qu'on y trouve pro-
portionnellement plus de personnes instruites; mais il est
déjà prouvé que notre retard sur ce point provient de ce que
ces mêmes étrangers, s'efforçant sans cesse de nous appau-
vrir, nous ont privés de l'industrie, qui seule civilise et
éclaire les nations. Mais que M. Salvandi apprenne que la
partie des Espagnols réellement éclairée, ne respire point des
changemens, ne demande pas de réformes, parce qu'elle a
appris, à ses dépens et aux dépens d'autrui, que de tels chan-

gemens et de telles réformes n'entraînent que des malheurs déplorables. L'unique objet de ses désirs et de ses vœux, l'unique but qu'elle voudrait atteindre aujourd'hui même, c'est que les empiriques étrangers ne se mêlent pas de vouloir guérir ses maux, de fermer subitement des plaies que le temps seul peut cicatriser. Et pour que cela arrive au plutôt, ce qu'elle désire avec ardeur et uniquement, je le répète, c'est qu'une seule aune de toile, drap, soierie, etc., et aucun produit de l'art en bois, métal, ou toute autre matière première, ne pénètre dans ses ports ni ne passe ses frontières. Ayant atteint ce but, l'Espagne pourrait être sûre d'être bientôt comptée parmi les nations les plus éclairées de tout l'univers, malgré son mauvais gouvernement, et quoiqu'elle n'ait ni Charte, ni Chambres, ni garanties, ni jury, ni autres frivolités ultra-pyrénéennes. Qu'on nous laisse en paix, nous saurons bien nous arranger. Quelle manie de vouloir nous inoculer ces institutions de nouvelle date!

REMÈDES APPLICABLES A CES MAUX (1).

C'est ici que divaguent le plus les deux libellistes, qu'ils sont le moins d'accord, et qu'ils ne s'entendent pas eux-mêmes, quoique, dans le fond, ils tendent aux mêmes fins.

---

(1) Il n'est pas très-facile d'y remédier; cependant les difficultés ne sont pas aussi grandes que le suppose l'exagération des partis. Si la Sainte-Alliance ne méconnaît pas ses véritables intérêts; si, en conséquence, les ministres des grandes puissances font connaître au roi Ferdinand combien il est urgent d'adopter une autre marche, d'oublier entièrement le passé, et de donner des garanties pour l'avenir, afin que l'on n'abuse pas, comme on l'a toujours fait, de la bonté du prince et du fanatisme religieux de certains

Duvergier penche beaucoup pour qu'on nous donne une constitution à la moderne : il répète le refrain révolutionnaire, disant qu'en cela on ne ferait que rétablir les libertés de la patrie qui ont été anéanties, et renouveler les anciens priviléges d'Aragon et de Castille : comme si dans la constitution de Cadix, et les cinquante constitutions improvisées en France pendant sa longue révolution, il y avait un seul article, une seule ligne copiée fidèlement des priviléges qui furent seulement utiles et ne purent subsister que sous le gouvernement féodal, mais impraticables et nuisibles dans le système des monarchies modernes. Mais en supposant que le remède fût en lui-même praticable et salutaire, question qui seule demanderait à être traitée longuement pour être complètement éclaircie, comme M. Duvergier reconnaît enfin qu'en Espagne « les passions sont trop exaspérées, les » cœurs trop ulcérés, pour mettre les deux partis en face » l'un de l'autre dans des chambres législatives, » on voit qu'au moins, pour le moment, le remède est hors de saison et préjudiciable. Aussi il se contente lui-même de demander

---

personnages, pour donner cours à d'horribles persécutions sur de simples délations, dans quelques années les plaies pourront être cicatrisées. Mais il faut d'abord songer à contenir le clergé dans de justes bornes : il n'exerce autant d'influence qu'autant qu'on veut bien le lui permettre. On a vu quelle a été sa force dans le cours des trois années où fut en vigueur cette constitution qui, selon ce que dit Hermosilla, n'avait que bien peu de partisans : cependant partout où l'on a osé pousser des cris réprobateurs, ils ont été étouffés sur-le-champ ; et si, comme nous l'avons déjà observé, la France ne fût intervenue, M. Hermosilla n'eût certainement pas composé son écrit, et je ne me fusse pas occupé à y faire quelques remarques pour l'intelligence des lecteurs.

que le roi Ferdinand, sous la garantie de la France, « pro-
» mette de donner une charte, que l'esprit de l'ordonnance
» d'Andujar revive, qu'une bouche auguste prononce les
» mots d'*union* et d'*oubli*, et les rende efficaces, que l'on
» exige l'accomplissement des capitulations, que l'on délivre
» le Roi du joug des partis, que l'on publie une véritable am-
» nistie, que l'on déchire les listes de proscription (ce travail
» est inutile parce qu'il n'y en a pas encore eu de faites), et que
» la majesté royale couvre tous les Espagnols de son égide. »
Mais nous avons déjà répondu à ces paroles vides de
bon sens, et lors même que nous ne l'aurions pas fait,
les maux d'une nation ne peuvent se guérir avec ces phrases
génériques qui, en résumé, ne signifient rien, et ne sont
point applicables à la pratique. En effet, c'est ne nous rien
dire que de nous parler de constitutions et de Chartes :
il faut expliquer ensuite l'espèce de Charte qui nous convient et que nous pourrions recevoir : discussion intermi-
nable. C'est ne nous rien dire que de nous parler d'amnistie, d'oubli et de fusions; la difficulté consiste à déter-
miner les moyens d'obtenir cette union, et de faire oublier
au peuple ses souffrances, parce qu'il ne suffit pas que
le Roi les oublie. Elle est inutile cette phrase emphatique :
« la majesté royale couvre de son égide tous les Espagnols. »
Et s'il y en a qui ne veuillent point se mettre à son abri,
et qui, loin de reconnaître leurs erreurs, de se repentir
et de se soumettre, fassent des débarquemens à Algésiras,
Alméria, et aux environs d'Alicante, fassent des efforts pour
soulever les îles Baléares, attisent le feu de la rebellion
en Amérique, et, dans l'intérieur, sapent les fondemens
du trône, l'égide tutélaire de l'autorité royale doit-elle
aussi les couvrir? Devra-t-on réchauffer le serpent dans
son sein, pour qu'il nous dévore après avoir repris ses

forces ? Que M. Duvergier apprenne que, selon notre proverbe, le fou, en sait plus dans sa maison que le sage dans celle d'autrui : ce qui veut dire que si les fusions ne se font pas, c'est parce que cela ne peut encore avoir lieu ; le temps les amènera.

Cette réponse suffirait aussi pour M. de Salvandi ; mais comme ce Monsieur a visité, à ce qu'il paraît, l'Espagne, qu'il se croit très-versé dans notre histoire et notre législation, et qu'il a publié l'*Alonzo* pour prouver qu'il connaît aussi bien les mœurs espagnoles que celles du royaume de Congo, il nous faudra examiner sa recette.

Avant tout il avoue, et il ne fait pas mal de l'avouer, que pour guérir nos maux « une amnistie ne peut suf» fire, parce qu'on ne refait pas les royaumes, on ne » remonte pas la machine des gouvernemens avec des am» nisties. » En second lieu, il reconnaît, et c'est beaucoup de le reconnaître, que si la France obligeait le Roi d'Espagne à donner une constitution, elle serait inutile, parce que, dit-il, et il a raison de le dire, « à quoi ser» virait une liberté imposée par les baïonnettes étrangères ? » Le caractère national reprendrait le dessus, il y aurait » un accord de tous les partis, une émulation pour re» pousser le bienfait ; on sonnerait le tocsin des vêpres » siciliennes à la tribune ; ou plutôt, dans l'état d'effer» vescence auquel ce malheureux pays est en proie, pen« ser à élever des tribunes serait insensé. » N'oublions pas ces précieux aveux, et voyons maintenant, puisque ni l'amnistie, ni les Chartes, ni les tribunes qu'elles érigent, ne peuvent remédier à nos maux, quels sont les remèdes proposés par M. le diplomate parisien. Ils sont très-simples, très-faciles, et surtout remarquables par leur nouveauté et leur originalité.

« 1.º Qu'il soit permis au Monarque *de tracer les lois*, » faute de corps législatif, *mais qu'il en confie le dépôt à des* » *corps respectables, et qu'il n'administre pas lui-même la jus-* » *tice.* » Bien pensé ; ainsi le Roi ne perdra pas inutilement les heures entières qu'il emploie maintenant à entendre tous les jours des procès, et à prononcer sur des causes criminelles.

« 2.º Qu'en conséquence l'Espagne rentre dans l'ordre » social par la constitution du pouvoir judiciaire ; que » l'étendue de ce pouvoir soit fixé ; que les audiences royales » reçoivent, comme un dépôt sacré, la garde de toutes les » existences et de toutes les fortunes (*quelle précision dans* » *les idées et dans le style*) ; qu'elles soient indépendantes, » inamovibles, et capables de remplir leur glorieux man- » dat ; que la confiscation soit abolie pour qu'on *n'égorge* » point les riches et les grands (*sans doute, puisque chaque* » *jour on en égorge deux douzaines !*), comme à Rome sous » les Empereurs, pour enrichir le trésor ; qu'enfin *l'Es-* » *pagne ait des tribunaux.* » (*Oui, car elle n'en a pas encore.*)

« 3.º Qu'on rende aux cités leur antique droit de se dé- » fendre elles-mêmes (*à quelle époque, et par qui ce droit* » *leur fut-il ravi ?*) ; qu'une nouvelle sainte hermandad (*à toi* » *bon Sancho, qui en avais si peur*), mieux constituée, veille » à la sûreté des chemins ; qu'en un mot les milices des » anciens temps revivent. » Les quarante deux régimens sont déjà rétablis, et le reste s'est mis sous les armes ; mais il ne faut pas le révéler à M. Salvandi, de peur qu'il ne dise que nous l'avons fait d'après son conseil.

4.º (Voici le grand point de la question.) « Qu'on recon- » naisse la bagatelle de deux mille millions de réaux ou plus, » que les Cortès catilinaires demandèrent aux usuriers de » Rome ou de *Marseille*, pour soutenir l'insurrection de

» l'île de Léon, et la propager dans le Portugal, à Naples
» et dans le Piémont. » Rien de plus juste que de reconnaître et payer une dette si sacrée; car, bien qu'on n'ait fait
entrer en Espagne que quatre cent millions, dont la plus
grande partie en demi-louis, monnaie qu'il fallut frapper
de nouveau avec une perte de dix pour cent, il suffit
que le Roi ait dépensé deux ou trois mille réaux en bois
pour chauffer sa cheminée, parce que, autrement, S. M.
n'aurait pu résister au froid.

5°. « Que la chambre de Castille présente trois candidats
» pour tous les emplois, et que le Roi soit borné dans la pro-
» position qui lui sera faite, sans pouvoir s'en écarter, parce
» qu'il en était de même en d'autre temps. » Autant d'erreurs
et d'absurdités que de paroles. 1° La chambre ne proposa jamais, et ne doit proposer d'autres candidats que pour les dignités ecclésiastiques, avec quelques exceptions, et pour les
charges de la magistrature. Il serait plaisant de le voir, de ce
jour, proposer aussi des candidats pour les emplois dans les
douanes et dans l'armée. Que M. Salvandi apprenne qu'en Espagne, pays cependant barbare, il y a un peu plus d'ordre.
On consulte pour les promotions militaires les inspections
respectives, et pour les emplois des douanes la direction générale : tout est en son lieu ; et confier maintenant toutes les pro-
positions à la seule chambre de Castille, ce serait une absurdité qui ferait rire tout le monde. 2° Jamais les rois ne furent
ni ne durent être obligés de choisir précisément parmi les
trois candidats proposés, parce que ce serait rendre nulle et
dérisoire la prérogative royale d'élever aux emplois. 3° Quoiqu'ils n'y soient pas forcés, ils se conforment ordinairement
à la proposition, et choisissent même le candidat qui se trouve
en tête de la liste. 4° Le roi Ferdinand pratique et observe,
avec un respect religieux, cette coutume; et si M. Salvandi en

doute, s'il nie le fait, il n'a qu'à prendre les gazettes de Madrid, depuis le 1ᵉʳ octobre 1823 jusqu'au 21 décembre 1824, il y verra que, à l'exception de quelques dignités ecclésiastiques et d'autres emplois dont le Roi a récompensé, de lui-même, les valeureux chefs et auxiliaires des divisions royalistes, appelées maintenant par dérision soldats de la Foi, on ne donne plus ni canonicats, ni charges dans la magistrature, ni emplois de corrégidors ou alcades. *sans consulter la chambre.* De sorte que le grand remède proposé se réduit à conseiller l'exécution de ce qu'on exécute avec plus de prudence et de discernement qu'il ne l'a imaginé lui-même dans sa profonde sagesse.

6º. « Que cette chambre de Castille se compose de grands » d'Espagne et d'individus choisis dans *le clergé séculier*, foyer » de toutes les lumières et de toutes les vertus qui existent dans » la Péninsule. » Quant à cette dernière partie, nous avons déjà vu que M. Duvergier compte le clergé séculier parmi les ennemis des lumières et des réformes. A qui donc s'en tenir, à Duvergier ou à Salvandi ? Quant à la première, l'auteur de l'*Alonzo* a seul pu avoir l'originale idée de rendre *les grands d'Espagne membres de la chambre de Castille :* Risum teneatis.

7º. « Que cette chambre, ainsi composée, outre qu'elle » devra proposer des candidats pour tous les emplois (ou plu-» tôt les donner, puisque, le Roi ne pouvant choisir d'autres » individus que ceux qui lui sont proposés, la Chambre les » donnerait en effet), se divise en deux sections ou *estamentos* » (y êtes-vous ?), discute sur le projet de loi, et qu'ensuite » le conseil entier délibère sur les lois qu'elle aurait rejetées. » Fort bien ; mais 1º qui se chargerait de rédiger et de présenter le projet de loi à la discussion des deux *Camarillas?* (ces dernières méritent bien ce nom. Cela ne se dit pas.)

2°. Leurs sessions seraient-elles publiques ou secrètes? cela ne se dit pas non plus. 3°. Les charges de la Chambre se-raient-elles temporaires ou perpétuelles; et, en ce cas, celles de *l'estamento* de la grandesse seraient-elles à vie ou hé-réditaires? cela se dit encore moins. Et, après le rejet d'une loi par les deux *Camarillas* le conseil de Castille, composé seulement de vingt ou vingt-quatre magistrats, pourrait-il encore la sanctionner? Ses suffrages auraient-ils plus de pouvoir que ceux du clergé et de la noblesse? Sottise. Et après l'approbation des lois, le Roi aurait-il encore le veto temporaire ou perpétuel? Et, après leur rejet, pourrait-il les décréter de nouveau, les reproduire, et les présenter de nouveau à la discussion? Et après combien de mois ou d'an-nées pourrait-il faire usage de cette prérogative? Et si, faisant usage de cette prérogative, une loi bonne, urgente et nécessaire venait à être encore rejetée, laisserait-elle d'être promulguée parce qu'il prendrait la fantaisie à Messieurs de la chambre de prononcer leur véto, et à Messieurs du conseil de se conformer à leur décision? Et, en ce cas, comment le pouvoir législatif résiderait-il dans le Roi? Et, s'il n'y ré-sidait pas, ne retomberions-nous pas dans le gouvernement constitutionnel ou représentatif? et si nous y sommes déjà, pourquoi serait-ce un projet insensé d'ériger en Espagne une tribune? Et.... Et ... Et.... Mais pourquoi faire ressortir les niaiseries et les contradictions d'un écrivain qui se mêle de donner des conseils à ceux qui ne les lui demandent pas et qui n'en ont pas besoins, et sur des sujets qu'il ne com-prend pas?

8.º « Ces *Camarillas* serviraient de fondement pour que » d'autres législateurs plus heureux pussent convoquer les » *Cortès.* » Voilà enfin le secret révélé, voilà le véritable terme d'un voyage si pénible. Que MM. Salvandi et Duvergier se désabusent, ainsi que tous les étrangers et les pédans de l'univers : le mot *Cortès* n'est qu'une expression illusoire qui ne peut tromper personne en Espagne, parce que les Espagnols qui peuvent parler avec connaissance de cause dans ce sujet, sont intimement persuadés que les Cortès ne doivent et ne peuvent plus exister en Espagne; en voici la raison, et l'on ne peut rien y répliquer : les Cortès devraient être convoquées comme dans les siècles XII, XIII et XIV, ou non. Dans le premier cas, il est impossible et inconvenant qu'elles existent, parce que la noblesse et le clergé ne conservent pas et ne doivent pas conserver la prééminence féodale qu'ils avaient alors, et parce que de semblables juntes sont incompatibles avec les coutumes et les institutions de la monarchie actuelle, par la seule raison évidente que le dix-neuvième siècle n'est pas le douzième. Ainsi le remède qui alors put être utile et à propos, serait maintenant préjudiciable et hors de saison. Si, au contraire, les cortès ne doivent pas être ce qu'elles furent alors, et si elles doivent se diviser en deux chambres, à l'exemple de l'Angleterre, de la France ou de la Hollande, ou se réduire à une seule, avec le droit de voter *par tête*, et si leur convocation est annuelle et nécessaire, si les députés sont choisis au gré de chaque province, et non, comme auparavant, par les seules villes et cités qui ont droit d'envoyer des députés aux cortès, elles seraient un corps législatif à la moderne, au lieu des anciennes cortès de Castille et d'Aragon. Ainsi, que tous les amateurs de la constitution cessent de vouloir aveugler et fasciner le peuple espagnol par le mot magique de CORTÈS. Ce corps a existé, et, après avoir disparu, il ne peut plus renaître : son nom est un talisman et une relique qui a perdu sa vertu.

9°. Qui le croirait? Voyez-vous toute l'étendue du pompeux projet de M. de Salvandi? Oui, le voyez-vous? Eh

bien ! cet objet se réduit à ce que « les Bourbons, qui ont
» donné *la Charte* à la France, et détruit en Espagne la cons-
» titution de Cadix, exigent du roi Ferdinand qu'il accepte la
» monarchie de Philippe II. (Page 26.) » Taisez-vous donc,
M. Salvandi. Quoi ! la monarchie de Philippe II, rien moins ?
Avez-vous perdu le bon sens ? Eh bien ! ici nous ne deman-
dons pas tant, parce que nous ne voulons pas voir incarcérer
le prince don Carlos, et mettre à la torture le secrétaire An-
toine Pérez. Nous nous contenterons de la monarchie de
Charles III, parce que nous savons que le dix-neuvième
siècle n'est pas le seizième.

BUT RÉEL DES LIBELLISTES.

Je pourrais m'étendre beaucoup plus ; mais ce que j'ai dit
doit suffire pour qu'on connaisse et leur mérite et à quoi se
réduisent les deux pamphlets que les ennemis secrets de l'Espagne ont publiés et répandus avec tant de profusion dans la
capitale de la France. Il me reste seulement à révéler le véritable objet de ces extravagantes productions : rien de plus
facile. L'un et l'autre écrivain, malgré leurs phrases étudiées
et leurs tortueuses insinuations, l'ont laissé connaître à fond :
il se compose de plusieurs parties. 1° Obtenir la reconnaissance des emprunts des cortès. Si, par hasard, quelque
banquier les avait payés pour se charger d'une si charitable
entreprise ! 2° Faire entrer l'Espagne dans la zone constitutionnelle (c'est ainsi que s'exprime M. de Pradt). 3° Faire
en sorte que la France retire les troupes qu'elle a dans la Péninsule, pour les transporter sur les bords du Rhin, et de là
faire peur et parler ferme aux puissances du nord. 4° Qu'on
nous arrache pour toujours les colonies du continent améri-
cain, qui furent, qui doivent et peuvent être et seront encore
les nôtres. A l'égard de la première et de la seconde partie,
nous avons déjà répondu longuement. Quant à la troisième,

on s'arrangera là bas ; les puissances menacées verront ce
qu'elles auront à faire ; mais pour ne pas douter que tel est
le désir des libellistes, écoutons leurs paroles elles-mêmes.
Salvandi (page 8) dit en termes positifs : « La France man-
» que à sa mission (celle de garder les droits et les frontières
» du continent) toutes les fois que ses armées ne campent
» point *sur le bord du Rhin ou sur le sommet des Alpes.* »
Pensée qu'il éclaircit et amplifie longuement. Duvergier,
quoique plus réservé, ne laisse pas d'insinuer que l'occupation de l'Espagne empêche la France *d'intervenir dans les
affaires générales avec la dignité et la fermeté qui lui con-
viennent.* On sait déjà ce que cela signifie, traduit dans le
langage de la franchise. Il serait facile de démontrer au
monde qu'aucune puissance n'a le droit (la force et l'astuce
pourront être employées et ne s'emploient que trop) de nous
priver des colonies que nous avons possédées paisiblement
pendant plus de trois siècles, et que nous avons acquises,
comme chacune les siennes, à la pointe de l'épée ; et on ferait
voir en même temps qu'il n'est nullement de leur intérêt que
nous les perdions. Mais comme ceci n'est point l'objet de mon
écrit, je me bornerai à prouver que le vœu des pamphlétaires est qu'elles s'émancipent pour toujours. Duvergier dit
(page 32) : « Les *prohibitions* (remarquons cette précieuse
expression, pour que, si Dieu le veut un jour, nous puis-
sions nous autres les adopter) nous repoussent dans plusieurs États européens : les Amériques espagnoles nous offri-
raient d'immenses ressources. » Et Salvandi ajoute (page 50)
« qu'il appartient au roi de France de prononcer *sur l'avenir tout entier de l'Amérique,* sur les limites que l'empire
moscovite doit enfin reconnaître, etc. » Et dans le cas où
S. M. T. C. voudrait prononcer en faveur de la métropole,
l s'empresse de l'avertir que ni l'Angleterre, ni les États-

Unis de l'Amérique ne le permettront : cependant, je serais tenté de demander à M. Salvandi d'où est venu aux Rois de France le droit de prononcer sur le sort futur de nos Amériques. Et toutes ces jolies phrases d'indépendance, de souveraineté, de ne point s'immiscer dans les affaires d'autrui, et tant d'autres de cette nature, que sont-elles devenues ? On n'y fait plus attention quand il s'agit de gagner des piastres dans l'Amérique espagnole.

Mais que M. Salvandi sache, pour son tourment, et que tous les protecteurs de l'insurrection américaine le sachent aussi, que le cabinet des Tuileries, s'il connaît, comme je n'en doute pas, ses véritables intérêts, ne favorisera point l'émancipation des colonies espagnoles, et que celles-ci rentreront, plus tôt ou plus tard, sous la domination de la métropole, à moins que l'Angleterre et les Etats-Unis ne nous déclarent la guerre. A l'égard de Charles X, nous ne pouvons pas même la craindre. Qu'ils sachent que la presque totalité des habitans de ces vastes régions abhorrent les révolutionnaires qui les tiennent dans l'oppression, qu'ils ont en horreur la chimérique liberté qu'on leur offre, et n'attendent qu'un moment favorable pour se déclarer pour l'Espagne et obéir de nouveau au gouvernement paternel des rois de Castille. Qu'ils sachent que le Pérou est déjà reconquis, et que, pour recouvrer la Nouvelle-Espagne, on n'a pas même besoin d'y envoyer des armées : il suffit qu'une faible escadre se présente devant Vera-Cruz; et l'empire de Montezume et celui des Incas une fois rentrés sous la domination espagnole, on verra s'anéantir la dictature du Paraguay et de Buénos-Ayres, et disparaître les républiques colombienne et chilienne, comme ont disparu pour toujours les républiques française, batave, cisalpine, romaine, napolitaine, et d'autres érigées de nos jours par les novateurs.

CONCLUSION.

J'ai répondu à toutes les accusations que les libellistes portent, plus ou moins clairement, contre notre gouvernement; mais il me reste à leur dire quelques vérités, peut-être un peu amères pour eux, que je me garderai bien cependant de passer sous silence.

La première, c'est que cette Espagne, si pauvre, si malheureuse, si barbare et si *africaine*, ne l'est cependant point autant qu'ils le voudraient, et que non pas des déclamations et des phrases, mais des faits positifs sont à l'appui de cette vérité. Il n'y a guère plus d'un an que le Roi est sorti de sa captivité, et malgré le mauvais état dans lequel il a trouvé toutes les branches de l'administration, malgré la pénurie à laquelle les régénérateurs avaient réduit le trésor public, une expédition a mis immédiatement à la voile pour la mer Pacifique; elle a atteint heureusement sa destination, et la conquête du Pérou, après la dernière défaite de Bolivar, peut être regardée comme une chose terminée ; une autre, composée de seize cents hommes, tous habitans des Canaries, a quitté ces îles pour aller renforcer l'armée de la Havane; une autre de deux mille hommes vient de sortir du Ferrol avec la même destination ; une autre, envoyée aux Philippines, va s'éloigner de Cadix, et sera bientôt suivie d'une troisième, destinée, à ce que l'on dit, pour le Pérou.

La seconde, c'est qu'on a pourvu à tous ces frais extraordinaires au moyen des revenus ordinaires et d'un faible emprunt contracté avec quelques banquiers de Paris, qui ne se repentent point de s'être fiés à la parole du Roi, un peu plus sûre et sacrée que celle *des justes* et *des bienfaisans*.

La troisième, c'est que, malgré la nécessité de reporter l'attention sur les contrées d'outre-mer, on ne s'en est pas moins occupé des besoins de la Péninsule. Le gouvernement est reconstruit dans toutes ses parties, et les revenus du trésor se recouvrent avec assez d'exactitude et de régularité : les milices provinciales sont réorganisées, et la plus grande partie des régimens se trouvent déjà au complet, bien armés et bien habillés : il a été formé une brillante garde royale, dont le seul équipement a coûté trente millions de réaux, et l'on organise dans ce moment plusieurs autres régimens de cavalerie et d'infanterie de ligne et légère, avec quelques bataillons d'artillerie.

La quatrième, c'est que, quoique les troupes françaises soient en petit nombre, et qu'elles ne fassent le service que dans quelques places fortes, ni la tranquillité publique n'a pour cela été troublée, ni l'ordre n'a été altéré, ni l'hydre révolutionnaire n'a levé son odieuse tête, ni le sang n'a été répandu, ni rien n'est arrivé de tout ce que les faiseurs de phrases prophétisaient à Paris. Et il n'arrivera rien non plus quand on viendra à opérer l'évacuation définitive.

Et il ne nous faut pas parler d'une multitude d'autres mesures utiles qui ont été prises relativement à toutes les branches : juntes des droits et d'encouragement créées ; système de finances organisé ; règlemens de police et d'instruction publique formés ; nombre de lois, d'ordres et d'instructions publiées, etc., parce que ce serait n'en pas finir que de faire l'énumération de tout ce que ce gouvernement indolent et africain a fait de bon et d'utile dans l'espace d'une année.

Je terminerai donc en donnant une seule preuve, entre toutes celles que je pourrais donner, du bruit que l'on fait, fort mal à propos, à Paris, ou, pour mieux dire, de la manière dont on ment quand on parle de nos affaires, et en détruisant une volontaire et malicieuse erreur, au moyen de laquelle les libellistes cherchent à décréditer le roi d'Espagne.

La preuve est dans les paroles suivantes de Salvandi (page 3) : « L'Espagne souffre ; qui pourrait le contester ? ses villes sont désertes ; il n'y a d'habités que les faubourgs,

» les cloîtres et les cachots. » Et moi je demande si jamais dans le monde on a menti avec tant d'impudence et d'effronterie? J'en appelle à tous les étrangers qui se trouvent actuellement en Espagne; j'en appelle aux Français eux mêmes qui y sont restés ; j'en appelle à ses onze millions d'habitans; et s'il y en a un seul qui dise que dans toute la Péninsule il se trouve, je ne dirai pas une ville ou un bourg considérable, mais un misérable hameau qui soit désert, à l'exception des villages que les révolutionnaires ont détruits ou ruinés en Catalogne et ailleurs, ou de ceux dont ils ont réduit les habitans à la mendicité, je consens *à aller mettre ma tête* sous la guillotine de Paris. Cependant M. Salvandi affirme, à la face du monde, que *toutes* les villes d'Espagne sont désertes, hors les faubourgs, et qu'il n'y a de peuplé que les cloîtres et les cachots. Le pire, c'est que de semblables sottises sont crues dans toute la France comme des articles de foi. Et en effet, qui pourrait résister à la conviction d'une épigramme, à une antithèse aussi jolie ?

L'erreur, c'est que les libéraux qui ont été punis en 1814, et ceux qui ont été soumis à des jugemens en 1824, sont précisément les mêmes hommes auxquels le Roi fut redevable de se voir libre de sa captivité de Valençay. Ceci est une erreur qu'il convient de réfuter. Qu'ils sachent donc, messieurs les libellistes, et que le monde le sache aussi, s'il l'ignore, que ceux qui causèrent la résistance de 1808 et enfantèrent ces prodiges de valeur et de constance qui firent l'admiration de l'Europe, et occasionèrent en partie la chute du Corse, furent précisément les prêtres, les moines, les prolétaires, les serviles de toutes classes, en un mot cette nation *barbare*, *stationnaire* et *fataliste*, pour laquelle, comme dit M. Salvandi, il n'y a pas de détroit de Gibraltar. Oui, ce fut cette nation qui sans calculer ses forces, sans être ni arrêtée par ce qu'il y avait d'inégal dans la lutte, ni intimidée par les huit cent mille baïonnettes qui faisaient trembler les nations éclairées de *notre* Europe, se leva contre l'usurpation de Bonaparte, lutta contre lui, le vainquit et le renversa de son trône. Et quoique dans le nombre de ces hommes qui résistèrent il se trouvât par hasard, ou mieux par anglomanie (il faut bien le dire), plutôt que par esprit de loyauté, quelques douzaines de pédans, tout ce qu'ils firent fut de profiter de la circonstance pour faire dans leur patrie l'essai des funestes théories qu'ils avaient puisées dans les écrits des sophistes étrangers, et pour *jacobiniser*, corrompre et dénaturaliser l'insurrection la plus sainte et la plus héroïque dont les siècles aient jamais été témoins. Et ceci est un fait, et non une épigramme.

NOTE DE L'ÉDITEUR.

Cette brochure, ainsi que les notes qui l'accompagnent, nous ont été envoyées de Madrid; le tout tel que nous le publions. L'auteur des notes les termine par celle-ci : « Chaque ligne du pamphlet de M. Hermosilla mériterait une note, mais il m'a fallu être concis; premièrement, parce que je n'ai pas voulu retarder l'envoi que je vous fais, et en second lieu, parce qu'écrivant pour ainsi dire à la porte de M. Rufino Gonzales, je suis sans cesse exposé à le voir paraître avec ses sbires, et me mettre à jamais hors d'état de voir se réaliser l'espoir dont je me flatte: que le Tout-Puissant, touché de nos continuelles vicissitudes et des terribles fléaux qui nous affligent depuis tant d'années, achèvera d'éclairer notre Souverain, qui, prêtant une oreille favorable aux conseils de ses augustes alliés, fera le bonheur d'un peuple dont il a reçu tant de témoignages d'affection et de fidélité. La récompense que M. Hermosilla a reçue pour son écrit, démontre que les injures dont il abonde ont complètement satisfait ceux qui ont acheté sa plume; mais les estimables écrivains qu'il a prétendu réfuter se trouvent heureusement dans un pays où l'on jouit de la liberté de la presse, et ils sauront lui répondre avec la supériorité de talent qui les distingue. »

ERRATA. A la page 61, ligne 26, au lieu de : *courtisans*, lisez : *cortijeros* ; c'est ainsi que l'on nomme, par mépris, les députés populaires.

www.ingramcontent.com/pod-product-compliance
Ingram Content Group UK Ltd.
Pitfield, Milton Keynes, MK11 3LW, UK
UKHW031839170726
13836UKWH00004B/1774